COMPOSICION

Proceso y síntesis

COMPOSICION

Proceso y síntesis

Guadalupe Valdés
New Mexico State University

Trisha Dvorak
University of Michigan

Thomasina Pagán Hannum
Albuquerque Public Schools

RANDOM HOUSE   NEW YORK

This book was developed for Random House by Eirik Børve, Inc.

First Edition

9 8 7 6 5 4 3 2

Library of Congress Cataloging in Publication Data

Valdés, Guadalupe.
  Composición, proceso y síntesis.

  English and Spanish.
  "Developed for Random House by Eirik Børve, Inc."
  1. Spanish language—Rhetoric.   I. Dvorak, Trisha.
II. Pagán Hannum, Thomasina, 1935–   III. Eirik
Børve, Inc.   IV. Title.
PC4420.V275   1983   808'.0461   83–9542
ISBN 0–394–33124–9

Manufactured in the United States of America

Cover design by Catherine Hopkins

Grateful acknowledgment is made for use of the following material: **page 6** *(top left, bottom right)* Peter Menzel; **6** *(bottom left)* Taurus Photos; **7** OAS; **8** *(top)* Peter Menzel; **8** *(bottom)* Taurus Photos; **9** Peter Menzel; **41, 42** © Quino, all rights reserved.

Excerpts from *Los cuentos de René Marqués* by Esther Rodríguez Ramos are reprinted by permission of Colección UPREX, Editorial Universitaria, Río Piedras, Puerto Rico.

Excerpts from "Las algas," *Curiosidades y ejemplos*, and *Cultura y espíritu* by Santiago Hernández Ruiz et al. are reprinted by permission of © Fernández Editores 59 CV, Mexico.

Excerpts from "El cine infantil: un huérfano que pide ayuda", 30 de octubre, 1977, and "Dislexia", 20 de noviembre, 1977, are reprinted by permission of © *El País Semanal*, Madrid.

Excerpts from "Los idiomas en la vida del hombre moderno" and "Las clases sociales en el sistema capitalista" from *Hoy en la historia* are reprinted by permission of Editorial Herrero, S.A., Mexico.

Excerpts from *Cuentos puertorriqueños* by Robert L. Muckley and Eduardo Vargas, eds., are reprinted by permission of the National Textbook Company, 4255 West Touhy Ave., Lincolnwood, Illinois 60646, © 1976, page 41.

Excerpts from *El español y los siete pecados capitales* by Fernando Díaz-Plaja are reprinted by permission of the author.

Excerpts from "Continuidad de los parques" by Julio Cortázar are reprinted by permission of © Julio Cortázar.

To the Instructor

Composición: Proceso y síntesis is designed for use by university-level Spanish students in their third year of study. It presupposes a familiarity with the Spanish language equivalent to two years of college-level study. It is intended to be used in the composition segment of advanced composition and grammar courses, or of advanced composition and conversation courses, or in courses devoted exclusively to composition.

The purpose of *Composición: Proceso y síntesis* is to develop students' abilities in composition tasks that reflect the kind of writing students are generally asked to perform as Spanish majors or minors. The principal objectives of the text are the following:

1. To expose students to the organizational requirements of three principal types of writing: description, narration, and exposition.

2. To expose students to commonly accepted stylistic traditions of Spanish writing for *nonliterary* purposes.

3. To give students extensive practice in preparing the following types of written materials in Spanish: descriptions, narratives, and expository essays (using the techniques of definition, classification, comparison and contrast, and argumentation). Students also learn techniques for writing essay examinations, book summaries (reports), and term papers.

4. To develop students' abilities to proofread their own and others' materials for errors in mechanics, organization, and stylistics.

Philosophically, *Composición: Proceso y síntesis* approaches the teaching of Spanish composition from the perspective that instruction in this area must involve students in extensive and intensive writing experiences. Traditionally, texts used at this level focus primarily on grammatical review and translation. Composition models, when used, are often much beyond the level that most third-year students can imitate. In *Composición: Proceso y síntesis*, an entirely new approach has been used. The writing process is divided into three logical steps: **Antes de redactar**, **La redacción**, and **La revisión**. Models of the type of writing to be practiced (description, narration, exposition) and analysis of the models are accompanied by explanations of what each type of writing involves and by extensive in-class exercises that practice the organizational requirements of each type of writing. These exercises are included so that students realize what they can *already* say in Spanish about a number of topics; thus they are encouraged to write about what they know they can handle in Spanish, rather than choosing topics that they will write about in English and then translate into Spanish.

Composición: Proceso y síntesis resembles texts currently in use in college-level English language composition courses. It reflects much of the research that has been done on the role of grammar review in the development of good writing skills. Essentially, the text takes the position that most third-year Spanish language students already have a good foundation in traditional grammar. What they need, however, are strategies for making certain that they have not violated those rules in their own writing. *Composición: Proceso y síntesis* includes a review of the grammar topics that account for the highest number of errors made by students at this level. Each grammar section seeks to point out to students how they can use grammar rules to search for common grammatical errors in what they have already written. Thus, *Composición: Proceso y síntesis* does not begin the writing process with a grammatical review; instead, the program concentrates on revision as a key task in the writing process.

Two components make up the instructional package for *Composición: Proceso y síntesis:* a standard text and a workbook that complements and adds to the text material.

Each of the twelve chapters of the textbook contains the following sections.

Etapa uno: Antes de redactar

Each of these sections includes a brief discussion of the type of writing to be attempted, a writing model or models, an analysis of the model's organization and style, and a series of group, in-class, oral exercises that focus not only on organization, but also on the kinds of subjects most appropriate for the type of writing being presented.

The discussions of types of writing are reminiscent of those found in basic English composition manuals. All models have been chosen for their relative simplicity. In some cases, actual student compositions are used as points of departure so that topics reflect the interests of typical students.

Also included in the section, under the heading **Vocabulario útil**, are Spanish words and expressions useful for specific purposes (establishing comparison and contrast, writing introductions and conclusions, and so on).

Etapa dos: La redacción

This section presents the actual writing assignment. Students are guided through the writing process so that they remain aware of organizational as well as mechanical considerations. In some cases they are asked to write preliminary outlines; in others they are given a set of instructions to follow as they write. All sections contain suggested topics appropriate to the type of writing in question.

Etapa tres: La revisión

These sections introduce students to the formal revision of their own writing. They include two steps (**pasos**): **Revisión de la estructura y de la organización** and **Revisión de aspectos gramaticales.** The first of these steps provides a checklist that guides students through the revision of the overall structure and content of their compositions. The second step focuses on aspects of Spanish structure that are high-frequency problem areas for English-speaking students. The grammar points reviewed are those that occur most frequently in *written* language. In addition to standard language exercises, those called **Corrección de pruebas** provide students with practice in analyzing writing samples for specific errors in the category studied. Thus, rather than translating sentences into Spanish to practice the use of **ser** and **estar,** students analyze sentences already written in Spanish and decide whether the use of one or the other verb is appropriate.

Finally, each section of **La revisión** concludes with a discussion of steps to follow in writing a *final* draft of the original composition.

The workbook for *Composición: Proceso y síntesis* contains material that can be used by instructors as a complement to the work covered in class or as an integral part of the total program. Each of the twelve workbook chapters contains the following sections:

1. Repaso de aspectos básicos
2. Aspectos estilísticos
3. Corrección de pruebas: Contenido y organización
4. Aspectos gramaticales: Ejercicios de traducción
5. Corrección de pruebas: Aspectos gramaticales

The sections entitled **Repaso de aspectos básicos** review material that students have already covered in their study of Spanish. Explanations and exercises consider topics basic to correct writing: the identification of subjects and predicates, verb/subject agreement, noun/adjective agreement, use of subject and object pronouns, and so on.

Aspectos estilísticos sections focus on the type of writing (description, narration, exposition) studied in the same chapter in the textbook. Exercises presented here are quite varied and address topics such as how to write descriptions using vivid language, how to decide which part of a narration is action and which is background, and how to write a good title. In some cases, exercises in these sections simply expand the text, offering more exercises on problem areas.

Corrección de pruebas: Contenido y organización contains compositions written by third-year students, presented in a double-column format with extensive comments and suggestions for improvement. Here the focus is on both content and style, with emphasis on vocabulary use, order of presentation, sentence structure, and so on. In many cases, topics not specifically covered in *Composición: Proceso y síntesis* are addressed. The object of these exercises is to give students practice in seeing how many different factors make up a good composition. By rewriting work produced by others, students will become more sensitive to the types of questions and concerns they must address when revising their own work.

The sections called **Aspectos gramaticales: Ejercicios de traducción** consider grammar points covered in corresponding textbook chapters. Here exercises center on high-frequency errors and provide extensive practice for those students who still rely on translation as a basis for their own writing.

Finally, the sections entitled **Corrección de pruebas: Aspectos gramaticales** are an extension of those in the text itself. Each passage is carefully written to duplicate the types of errors students make with the greatest frequency. Generally, errors included are obvious but allow students to develop editorial skills as they make the necessary corrections.

Composición: Proceso y síntesis has been written for Spanish majors and minors who must develop specific kinds of writing skills in their second language. The entire instructional program is built on the use of materials that students of Spanish are likely to encounter in real-life settings: the answering of essay questions on examinations, the preparation of oral and written reports on cultural and literary topics, and the preparation of formal term papers. Such writing clearly presupposes a good control of expository techniques. Using *Composición: Proceso y síntesis*, students can indeed develop their ability to write well in terms of mechanics, organization, *and* stylistics.

G.V.
T.D.
T.P.H.

To the Student

Up to this point in your study of Spanish you may have spent most of your time studying grammar and learning to communicate orally. But writing also is a skill that you will often need when you take more advanced courses in Spanish. There you may be asked to prepare reports and term papers and to write essay examinations in Spanish. After graduating, if you want to use Spanish in your professional activities, you will need the ability to communicate confidently and easily in writing.

Writing, like speech, is an attempt to communicate an idea. For that attempt to be successful, grammar is only one of the kinds of knowledge that the writer, or the speaker, must possess. Both must be sensitive to their audience, phrasing messages so that the audience will both want to pay attention and be able to understand. The speaker has the advantage of immediate feedback. He or she can watch the face of the listener and modify delivery if it seems that the listener is not understanding. If the listener becomes confused, the speaker can quickly offer additional examples for clarification; if the listener objects to a particular point, the speaker can deliver an immediate counterargument. The writer has no such "second chance." The paragraph, once written, must succeed, or fail, on its own. For this reason the writer must take special care to think ideas through and to arrange his or her thoughts in such a way as to be able to explain them to others clearly and convincingly.

Successful writing, or rather successful written communication, depends first of all on careful organization. The most important part of each chapter in *Composición: Proceso y síntesis* is a section called **Antes de redactar.** Here specific methods of writing, that is, specific ways of thinking about a topic, are presented. You have probably already taken English composition courses in which you analyzed what good writing is and tried to develop your own skills in written expression. *Composición: Proceso y síntesis* has been written to help you build on what you have already learned about writing in English, and to facilitate the transfer of this knowledge to your writing in Spanish. As in many English composition texts, in this text you will begin by studying description and narration, and then move on to the study of several ways to develop an expository essay. Each **Antes de redactar** section has a series of exercises (**Antes de comenzar a escribir: Ejercicios**) to help you and your classmates develop ideas for topics and become sensitive to the kinds of topics for which each kind of writing is best suited. By the time you reach the second section, **La redacción,** you will be ready to follow the steps outlined there to write the first draft of a composition.

Successful writing also depends on critical editing. You, the writer, must begin to think of your instructor not as your *grader,* that is, a person who looks for and corrects your mistakes, but as your *reader,* the person to whom you are trying to communicate an idea. The one who must find and correct mistakes is *you!* Each **Antes de redactar** section also discusses a particular aspect of organization—paragraph development, thesis statements, transitions— and gives you practice in identifying and correcting errors related to these topics. In the third section of each chapter, **La revisión,** there is a "checklist" to help you analyze the content and organizational aspects of the composition you wrote as an assignment. In addition, there is a review of important grammatical points and a number of exercises designed to help you develop the ability to proofread your own writing for grammatical errors. At the end of each **Revisión** section you will be asked to rewrite the first draft of your composition, paying special attention to the topics studied in the chapter. We think you will find that the proofreading and editing exercises will enable you to improve your draft a great deal.

The workbook that accompanies *Composición: Proceso y síntesis* has additional review exercises on grammar and proofreading, as well as editing practice based on compositions written by third-year students like yourself.

Successful writing requires determination and perseverance. There are no shortcuts and no easy routes. It is a challenge to produce good writing, but it is also fun. We have tried to make the exercises in *Composición: Proceso y síntesis* as varied and as interesting as possible to spark your interest in a variety of topics and to encourage you to *want* to write. We hope that at the end of the course you will indeed feel that you *can* express yourself clearly and effectively in Spanish.

G.V.
T.D.
T.P.H.

Contenido

PRIMERA PARTE

Proceso: Descripción y narración

Capítulo 1: La descripción

ETAPA UNO: ANTES DE REDACTAR

La descripción

Una descripción es una representación de personas, de cosas, de acciones o de lugares en que se utiliza el lenguaje para conseguir que otro logre visualizar claramente lo que se representa. Cuando observamos un objeto, un lugar, una persona o una acción en la vida real, generalmente reaccionamos a la totalidad de lo que vemos; pero al intentar describir algo, es necesario enfocar en los detalles sobresalientes que puedan contribuir a crear la impresión que deseamos transmitir acerca de lo descrito. Describir, entonces, es observar la realidad, seleccionar aquellos detalles que capten los elementos más notables o sobresalientes de lo que nos interesa y presentarlos por escrito de tal manera que el lector pueda visualizar el objeto, la acción, el lugar o la persona que describimos. En otras palabras, contesta la pregunta «¿Cómo es?».

Generalmente, una descripción se hace enfocando ya sea la realidad espacial o la realidad temporal. Si se enfocan aspectos espaciales, el objeto puede describirse de arriba hacia abajo, de derecha a izquierda, o en cualquier orden que se asemeje al proceso natural que sigue la vista cuando algo capta su atención. Si se enfocan aspectos temporales, especialmente si se describe una acción o un proceso, es necesario reflejar el orden en que éstos ocurren en el tiempo real; se describe lo que pasa primero, luego lo que pasa después.

La descripción no tiene que limitarse solamente a lo visual. Puede incluir también detalles que reflejen el impacto que lo que se describe ejerce en los otros sentidos, por ejemplo, en el olfato o en el tacto. Inclusive, puede hacer sentir el efecto de lo descrito en cualquiera que lo observe, lo oiga o lo conozca, o reflejar los sentimientos del escritor hacia lo que describe. Las mejores descripciones objetivas se caracterizan precisamente por esto, porque dejan asomarse, pero asomarse solamente, la impresión personal del escritor acerca de lo que describe. Describir es pintar un cuadro; pero es sobre todo saber escoger los detalles para que ese cuadro quede enfocado con precisión; en otras palabras, saber qué incluir y qué dejar fuera de él.

Vocabulario útil

Al escribir una descripción en la cual se enfoca la realidad espacial, pueden ser útiles las siguientes palabras y expresiones.

VOCABULARIO RELACIONADO CON LA REALIDAD ESPACIAL	
a un lado de, al lado de	en medio de, entre
a la derecha de, a mano derecha de/ a la izquierda de, a mano izquierda de	encima de/debajo de
al entrar/al salir	enfrente de/atrás de, detrás de
al fondo, hacia atrás/hacia enfrente, de frente	

La descripción: Modelo y análisis

Modelo

La casa de mis abuelos

La casa de mis abuelos está rodeada de unos árboles enormes. Es blanca, de techo negro, con ventanas pequeñas y angostas cubiertas por rejas negras. La puerta principal está hecha de madera pesada. Al entrar hay un pequeño corredor que conduce hasta el fondo de la casa. A la izquierda de éste está la sala, un cuarto obscuro y solemne que rara vez se usa. De ahí se pasa al comedor, luego a la cocina, que es un cuarto alegre con mucha luz. Por fin se pasa al cuarto de servicio donde se lava y se plancha. A la derecha de la puerta de entrada están los dormitorios y el baño. Hay tres dormitorios de tamaño regular, cada uno con acceso al corredor. El baño no es muy grande.

La casa de mis abuelos es como muchas otras. Sólo su olor es distinto. Tiene un olor a pan caliente, al jabón de mi abuelita, al tabaco de mi abuelo. Tiene un olor especial, extraordinario: el olor que refleja su cariño.

Análisis

Tema

Aquí el escritor ha escogido un tema sencillo y concreto. Describe una casa común y corriente.

Organización

Esta descripción se ha organizado mediante el enfoque de ciertos aspectos temporales y espaciales. Primero el autor presenta la casa vista desde afuera, como la veríamos realmente si la visitáramos; luego nos lleva cuarto por cuarto desde la entrada hasta el fondo. Valiéndose del pasillo de entrada, divide la casa en dos, describiendo a la vez lo que se encuentra a la izquierda y a la derecha del mismo.

La descripción termina con un juicio de parte del autor. Indica que la casa es como muchas otras, para luego poner énfasis en lo que la hace diferente. Para hacerlo, deja lo visual y se concentra en los olores que en ella se sienten. En este caso, ya no hay un orden lógico en los detalles escogidos. El autor simplemente selecciona lo sobresaliente: tres diferentes aromas que para él son parte de aquella casa. Indica además que los olores tienen un significado especial ya que él los asocia con el cariño de sus dos abuelos.

Perspectiva y tono

«La casa de mis abuelos» está escrita en primera persona. Se ve la casa desde la perspectiva de la persona que la describe. Al hacer esta descripción, el autor parece estar hablando con un amigo, con un conocido o con alguien a quien le interesara su vida privada. La descripción de esta casa *no es* un tratado sobre una obra de arquitectura. Tampoco se supone que la composición vaya dirigida a un público que tenga conocimientos técnicos sobre casas en general. Se supone que el autor hable casualmente con un lector, posiblemente conocido. La impresión que el escritor quiere dejar en el lector podría resumirse como sigue.

> La casa de los abuelos, arquitecturalmente, es como muchas otras casas. Quienes la hacen realmente diferente son las personas que viven ahí y los momentos que ahí se vivieron.

Aspectos estilísticos: El lenguaje y la selección de detalles

Para dar el tono simple y directo a la descripción, el escritor ha usado un lenguaje común que ayuda al lector a visualizar la casa y a destacar su carácter humilde al mismo tiempo. A pesar de la sencillez del lenguaje, el escritor logra que el lector *perciba* la casa como una realidad. El uso de ciertos detalles que transmiten el impacto que lo descrito ejerce en los sentidos permite al lector no sólo visualizar la casa, sino también captar su especial aroma. La fuerza de una descripción no se debe nunca a la elegancia o rebuscamiento de los adjetivos que se utilizan, sino a su capacidad de lograr que el lector *experimente la realidad* del objeto descrito.

Antes de comenzar a escribir: Ejercicios

A. **Selección y ordenación de detalles.** Con sus compañeros de clase, describa la casa que se ve en el dibujo. Todos deben contribuir aportando algunos detalles. Un miembro de la clase debe escribir en la pizarra los detalles que se mencionen.

Ejemplos: Detalle 1: La casa tiene muchas ventanas.

Detalle 2: La casa tiene dos pisos.

(Continúen hasta tener una lista de ocho a diez detalles.)

Después de anotados los detalles, ordénenlos de acuerdo con alguna perspectiva lógica, es decir, de derecha a izquierda, de arriba hacia abajo, o como lo prefieran, con tal de dejar una imagen clara de la casa.

B. *Qué incluir y qué dejar fuera.* Observen las fotografías y los detalles que las acompañan. Seleccionen los cinco detalles de mayor importancia.

1. La mujer tiene de 20 a 30 años.
2. Usa anteojos.
3. Tiene el cabello castaño.
4. Tiene una revista en la mano.
5. Arruga la frente al hablar.
6. Los anteojos son pequeños.
7. Está hablando por teléfono.
8. Es joven.
9. Está preocupada.
10. Lleva una blusa con el cuello y los puños blancos.

Ahora hagan una lista de diez detalles que Uds. observen en las siguientes fotos. Luego seleccionen los cinco detalles que más se destacan en cada foto.

Ahora ordenen los cinco detalles que seleccionaron para cada una de las tres fotos de acuerdo con una visión lógica de lo que intentan describir.

C. *Cómo se revela la actitud del autor.* Lean los dos párrafos sobre esta foto. Observen el tono de cada descripción.

Estamos en invierno. Todo está limpio. Los días y las noches son cristalinos. La casa nos protege como una cobija vieja y descansamos en medio de la tranquilidad que nos rodea.

Estamos en invierno. Hace un frío terrible y todo está helado. La casa está como una cueva húmeda. ¡Nos estamos ahogando en tanta nieve! Estamos aislados del mundo y no sabemos lo que está pasando.

Ahora, identifiquen el párrafo positivo y el negativo. ¿Qué detalles contribuyen a dar el tono positivo? ¿Qué detalles contribuyen a dar el tono negativo? ¿Qué detalles se pudieran agregar para intensificar lo positivo o lo negativo?

D. *Trabajo en pequeños grupos*

   1. Divídanse en tres grupos. Cada grupo debe escoger, y luego describir en cinco o seis oraciones, una de las fotos de la página 6. La mitad de cada grupo escribirá una descripción positiva y la otra, una descripción negativa.

      Al terminar, júntense para comparar y analizar las descripciones. ¿Contribuyen todos los detalles a dar el tono negativo o positivo de la descripción? ¿Pueden eliminarse algunos? ¿Falta algo importante?

   2. Divídanse en seis grupos. Cada grupo debe escribir una descripción de una de las fotos que siguen, dirigida a un lector específico. Al escribir debe tratar de captar el interés de ese lector.

a. Una descripción dirigida a un nuevo estudiante
b. Una descripción dirigida a un nuevo profesor

a. Una descripción dirigida a los padres con hijos pequeños
b. Una descripción dirigida a un joven soltero

a. Una descripción dirigida a los padres que creen que la televisión no tiene valor educativo

b. Una descripción dirigida a los padres que creen que la televisión sí tiene valor educativo

Al terminar los párrafos, júntense los dos grupos que escribieron sobre la misma foto para discutir acerca de lo que escribieron. ¿Qué diferencias se notan entre las dos descripciones? ¿A qué detalles se les dio énfasis para interesar a cada lector en particular? ¿Cómo escogieron esos detalles?

ETAPA DOS: LA REDACCION

Cómo se escribe una descripción

El proceso de escribir una descripción se basa en los pasos que se detallan a continuación. Estudie cada paso cuidadosamente antes de empezar a escribir su composición.

1. *Escoja lo que quiere describir.* Escoja algo o alguien que Ud. recuerde bien. En estas primeras tareas, escriba utilizando el vocabulario que ya conoce. Limite el uso del diccionario.

2. *Decida quién será el lector.* Como ya se hizo ver, tanto el tono y la perspectiva de una descripción como la selección de los detalles tienen que ver con la clase de lector a quien va dirigida. Por lo tanto, antes de escribir, decida para quién quiere escribir.

   A veces, la identidad del lector es obvia: se escribe para el profesor. En otros casos, sin embargo, es necesario crear un lector imaginario. Como todo lector, éste debe tener características concretas: edad, formación académica, trasfondo cultural, intereses personales, etcétera. Por ejemplo, podría escribirse para un lector imaginario que tuviera cerca de veinte años, que fuera producto de un medio urbano, y que desconociera cómo viven las personas de origen hispano. Con un lector de esta naturaleza, al hacer la descripción de un rancho mexicano se incluirían detalles que le permitieran imaginarse algo para él desconocido.

3. *Piense en la impresión que quiere Ud. dejar en el lector.* Después de escogido el objeto, lugar o persona que quiere describir, hágase las siguientes preguntas. ¿Por qué quiero describir tal persona, objeto, etcétera? ¿Por qué me parece interesante? ¿Cuál es mi actitud hacia lo escogido? ¿Cuáles son los aspectos que mejor pueden dar a conocer esta actitud al lector?

Una vez hecho esto, piense en lo que quiere enfocar. ¿Quiere hacer Ud. una descripción exhaustiva o a grandes rasgos? ¿Quiere Ud. que el lector reaccione positiva o negativamente ante lo descrito?

4. *Escoja los detalles que mejor se presten para crear la impresión que Ud. desee dejar en el lector.* Haga una lista de detalles incluyendo todo lo que recuerde. Luego, elimine aquéllos que no contribuyan a producir el tono que Ud. busca ni a mantener la descripción.

5. *Ordene los detalles lógicamente, de acuerdo con la organización (espacio, tiempo, etcétera) que Ud. prefiera.*

6. *Escriba un borrador.* Un *borrador* es la versión preliminar de un trabajo. Al escribirlo, experimente con la ordenación de los elementos y ponga atención a la impresión total que deja lo escrito.

Tarea

Escriba un borrador y luego una versión en limpio[1] de una descripción. Dirija su composición a su profesor. El propósito de su composición será darle a conocer algo que sea de importancia o de interés para Ud. Seleccione uno de los siguientes temas o escriba sobre un tema original.

1. Descripción de una persona

    a. un niño pequeño (hermano, sobrino, vecino)

    b. una persona de edad (un anciano, una anciana)

    c. un amigo íntimo

    d. un profesor

2. Descripción de un objeto

    a. un cigarro

    b. una máquina de escribir

    c. un automóvil

    d. un edificio

    e. una pintura

    f. un vestido

    g. una camisa

    h. un platillo favorito

---

[1]El paso entre el borrador y la versión final se describe en la *Etapa tres* de este capítulo.

3. Descripción de un lugar

    a. un lugar a donde se va a pasar un día de campo

    b. una ciudad conocida

    c. un cuarto en donde alguien pasa mucho tiempo

ETAPA TRES: LA REVISION

Revise su borrador cuidadosamente antes de escribir la versión final de su trabajo. Haga lo siguiente.

1. Lea lo escrito, concentrándose en el contenido y en la organización.

2. Lea lo escrito, examinando detenidamente a la vez la estructura y los aspectos gramaticales que se repasarán a continuación.

3. Revise minuciosamente la ortografía, buscando errores ortográficos y de acentuación.

4. Escriba la versión final.

Primer paso: Revisión de la estructura y de la organización

Revise la descripción ya escrita mediante las siguientes preguntas.

- ¿Qué describe específicamente mi composición?
- ¿Desde qué perspectiva se ve lo que describo?
- ¿Es consistente esta perspectiva?
- ¿Qué impresión quiero dejar en el lector?
- ¿Cuáles detalles incluí en la descripción? ¿Cómo contribuye cada detalle a crear la impresión total?
- ¿Hay en mi composición algún detalle que contribuya poco a crear la impresión que quiero dejar?
- ¿Cuál detalle escogí para terminar mi descripción? ¿Por qué lo escogí?
- ¿Utilicé un vocabulario claro y preciso, o utilicé términos generales y abstractos que no captan la esencia de lo que quiero describir?

Segundo paso: Revisión de los aspectos gramaticales

Dos estructuras gramaticales particularmente ocurren con frecuencia en el párrafo descriptivo: los adjetivos y los verbos **ser** y **estar**. Al revisar el borrador, se debe examinar cada adjetivo con cuidado para ver si su terminación concuerda con el sustantivo modificado.

la casa blan**ca**   **el** apartamen**to** pequeño

las casas blan**cas**   **los** apartamen**tos** pequeños

Las reglas para el uso de **ser** y **estar** son más sutiles, ya que la selección del verbo puede depender no sólo de la estructura de la oración sino también de su significado.

Ser *y* estar: *Usos de mayor frecuencia*

Usos en que el juicio puede hacerse basándose en la estructura gramatical

En ciertos casos, el uso de **ser** o **estar** depende únicamente de la estructura gramatical de la oración. Para decidir cuál de los dos verbos se ha de usar, se analiza el predicado (lo que se encuentra a la derecha del verbo en una oración declarativa).

SUJETO	VERBO: **SER**	PREDICADO: UN NOMBRE SOLO O MODIFICADO
Juan	es	artista.
Luisa	era	mi fiel amiga.
		PREDICADO: UN ADVERBIO DE TIEMPO
La fiesta	es	a las ocho.
Las clases	fueron	por la mañana.

SUJETO	VERBO: **ESTAR**	PREDICADO: UN PARTICIPIO PRESENTE
Elena	está	cantando.
Mis hermanos	estaban	llorando mucho.

En los casos anteriores note que, si el predicado puede clasificarse entre uno de estos tres grupos (nombre, adverbio de tiempo, participio presente), no es necesario analizar el significado de la oración para escoger correctamente entre **ser** o **estar.**

Ejercicio

Establezca si en las siguientes oraciones el predicado es un 1) nombre, 2) adverbio de tiempo o 3) participio presente. Luego, complete las oraciones con el presente de indicativo de los verbos **ser** o **estar** según lo pida la estructura gramatical.

1. Elena _____ estudiante de la universidad.

2. Este señor _____ el presidente de la empresa.

3. Este cuarto _____ la cocina.

4. El cumpleaños de Patricia _____ el martes próximo.

5. Tú y Roberto _____ comiendo demasiado rápido.

6. Estelita, la niña de los ojos negros, _____ la hija de mi tía.

7. La clase de matemáticas _____ esta tarde.

8. Pedro, ¿_____ escribiendo una carta?

9. Este artículo _____ mi contribución a la obra.

10. Héctor se _____ bañando.

Usos en que el juicio necesita hacerse basándose en el significado de la oración

En algunos casos es necesario analizar el significado de la oración para elegir correctamente entre los dos verbos. Esto sucede a menudo cuando el predicado es un adverbio de lugar o un adjetivo.

Cuando el predicado es un adverbio de lugar, se usa **ser** si el sujeto puede concebirse como un evento; de no ser un evento, se usa **estar**.

SUJETO: EVENTO	VERBO: **SER**	PREDICADO: UN ADVERBIO DE LUGAR
La fiesta	es	en la casa de Pedro.
El desayuno	fue	en el salón grande.

SUJETO: NO EVENTO	VERBO: **ESTAR**	PREDICADO: UN ADVERBIO DE LUGAR
María	estaba	en el rancho.
Los niños	estuvieron	aquí.
La biblioteca	está	cerca del parque.
La lancha	estará	en el río.

Cuando el predicado es un adjetivo, se utiliza **ser** si el adjetivo (o frase adjetival) sirve para clasificar el sujeto, es decir, si el adjetivo se refiere a una característica inherente que explica a qué clase pertenece el nombre. Por otro lado, se utiliza **estar** si el adjetivo comenta sobre el estado o situación en que se encuentra el sujeto.

SUJETO	VERBO: **SER**	PREDICADO: UN ADJETIVO QUE CLASIFICA AL SUSTANTIVO
Marta	es	bonita. (*Es de la clase de mujeres bonitas.*)
Pedro	es	católico. (*Es de la clase de personas de religión católica.*)
Los guantes	son	de cuero. (*frase adjetival que describe la clase de guantes*)
Laura	es	de México. (*frase adjetival que describe a Laura como miembro de la clase de personas que provienen de México*)

SUJETO	VERBO: ESTAR	PREDICADO: UN ADJETIVO QUE COMENTA SOBRE EL ESTADO EN QUE SE ENCUENTRA EL SUJETO
Estela	está	enojada. (*Se encuentra en ese estado.*)
La leche	está	fría. (*Se encuentra en esa condición.*)
Amada	está	de luto. (*frase adjetival que comenta sobre el estado en que se encuentra*)

Ejercicios

A. Examine las siguientes oraciones y explique por qué se ha usado **ser** o **estar** en cada una.

   1. La casa de Marta *está* en la calle Bolivia.
   2. Elena *está* cansada porque se fue a bailar anoche y regresó muy tarde.
   3. Dile por favor a tu primo que la cena *es* esta noche pero que no sé dónde *es*.
   4. Cuando la luz del semáforo *está* roja, no se debe pasar.
   5. La universidad de Harvard *está* en Massachusetts.
   6. Mi casa *es* amarilla.
   7. Pero Luisito, ¿por qué no *estás* en clase? ¿*Estás* enfermo?
   8. Don Carlos *es* profesor de música.
   9. Cuando hace buen tiempo, el almuerzo *es* en el jardín.
   10. El libro que escribió el profesor de química *es* interesante.

B. Examine las siguientes oraciones, analizando con cuidado el predicado de cada una. Luego, complételas con el presente de indicativo de **ser** o **estar** según lo pida su análisis.

   1. Juan quiere ir a la reunión, pero no sabe dónde _____ .
   2. La ciudad de Nueva Orleans _____ en el estado de Luisiana.
   3. En clase, los libros deben _____ cerrados.
   4. Margarita _____ mi mejor amiga este año.
   5. Las plantas _____ verdes, ¿verdad?
   6. Ellos _____ de vacaciones en junio.
   7. ¿Quién _____ ese hombre que _____ tocando el piano?
   8. Puedes hacer café si quieres; el agua _____ caliente.
   9. Carlos _____ con su mamá.
   10. Todos _____ contentos porque el examen no _____ esta semana.

Usos de ser y estar *con adjetivos*

Muchos adjetivos suelen usarse con uno u otro verbo: indican de por sí o una clasificación o un estado. El tamaño, la forma, el material y otros rasgos físicos, por ejemplo, suelen expresarse con **ser** porque se consideran clasificaciones: señalan características mediante las cuales se puede identificar y definir a una persona u objeto. Los estados de ánimo y de salud y la posición física se expresan con **estar** porque estos adjetivos por lo general describen la condición o el estado en que se encuentra la persona u objeto.

Por otro lado, hay varios adjetivos que pueden usarse con ambos verbos. En estos casos el significado del mensaje cambia de una clasificación a una descripción de estado según el verbo que se use.

SUJETO	SER/ESTAR	SIGNIFICADO
Estas manzanas	son verdes.	Clasificación (*Son de la clase de manzanas verdes.*)
Estas manzanas	están verdes.	Condición, estado (*Se implica que este color no es el que caracteriza estas manzanas.*)
Violeta	es alegre.	Clasificación (*Tiene una disposición alegre, es ese tipo de persona.*)
Violeta	está alegre.	Condición, estado (*Acaba de ocurrir algo que la ha puesto de este humor.*)
Oscar	es aburrido.	Clasificación (*Tiene ese tipo de personalidad, es ese tipo de persona.*)
Oscar	está aburrido.	Condición, estado (*Describimos su estado de ánimo, no su personalidad.*)

Cuando un adjetivo puede usarse con ambos verbos, el uso de **ser** indica que el atributo se acepta como una característica objetiva e intrínseca del sujeto. Por otro lado, el uso de **estar** puede indicar que la característica se percibe subjetivamente: no forma parte del *ser* del sujeto, sino de su *condición* en determinado momento o en determinada circunstancia. En inglés se expresa esta diferencia de percepción por medio de los siguientes contrastes.

INGLES	SIGNIFICADO	ESPAÑOL
*This coffee **is** good.*	Clasificación (*característica intrínsica, objetiva*)	Este café **es** bueno.
*This coffee **tastes** good.*	Condición o estado (*percepción subjetiva*)	Este café **está** bueno.
*Mr. Carlo **is** old.*	Clasificación (*característica objetiva*)	El Sr. Carlo **es** viejo.
*Mr. Carlo **looks** old.*	Condición o estado (*percepción subjetiva*)	El Sr. Carlo **está** viejo.

*The prices **are** high.*	Clasificación (*característica intrínsica, objetiva*)	Los precios **son** altos.
*The prices **seem** high.*	Condición o estado (*percepción subjetiva*)	Los precios **están** altos.

Ejercicios

A. Explique la diferencia de significado que hay entre los siguientes pares de oraciones.

    1. a. El flan es rico.
       b. El flan está rico.

    2. a. ¡Qué guapa es!
       b. ¡Qué guapa está!

    3. a. El examen fue largo.
       b. El examen estuvo largo.

    4. a. El profesor es muy cansado.
       b. El profesor está muy cansado.

    5. a. Esta falda es grande.
       b. Esta falda está grande.

B. Analice el siguiente diálogo, examinando con cuidado las características del predicado en cada oración. Luego complete las oraciones con el presente de indicativo de **ser** o **estar** según lo pida su análisis. Atención: si una oración puede completarse con ambos verbos, explique el cambio que ocurre en el significado al escoger uno u otro verbo.

—María, ¿qué _____ comiendo?

—_____ una ensalada de lechuga. Dicen que la lechuga _____ buena si uno _____ contando las calorías.

—Pero, ¿_____ tú a dieta? ¡No lo creo! ¡Tú no _____ gorda!

—Acabo de comprarme un nuevo vestido para una fiesta. [El vestido] _____ muy elegante, pero me queda un poco estrecho. Esto _____ una buena motivación para perder unos kilos.

—¿Cuándo _____ la fiesta?

—El sábado dentro de dos semanas. ¡Quiero _____ muy esbelta para entonces!

—Cuidado, o vas a _____ muerta también. La ensalada no _____ suficiente para darte las vitaminas que tu cuerpo necesita.

—Tú y tus vitaminas: _____ [tú] una fanática. Yo nunca me preocupo por esas cosas, o ¿es que _____ enferma? ¡No!

—No, pero sí _____ algo irritable. Pero, bueno, muéstrame tu nuevo vestido. ¿Dónde lo compraste?

—En esa *boutique* que _____ en la esquina de Washington y Bolívar. Su selección _____ muy grande y los precios en general _____ cómodos.

—Tienes razón; tu vestido _____ hermoso. ¿De qué material _____?

—De seda. _____ un vestido para una princesa, ¿no crees?

—Bueno, a lo mejor _____ [tú] exagerando un poco, pero [yo] _____ segura que vas a _____ la reina de la fiesta si usas ese vestido. Bueno, ya _____ tarde y debo _____ en casa. Nos vemos.

Corrección de pruebas

Recuerde la concordancia de los adjetivos y las reglas para el uso de **ser** y **estar** y corrija el pasaje que sigue según los pasos que se detallan a continuación.

1. Busque todos los adjetivos e identifique el sustantivo que modifican; examine las terminaciones con cuidado.

2. Examine cada uso de **ser** y **estar**, analizando el predicado de la oración en que se encuentren. Recuerde cuándo es necesario atender al significado de la oración y cuándo es suficiente identificar la estructura.

3. Corrija todos los errores.

> La fiesta de María fue en el espléndido salón presidencial del Hotel Ritz. Todo los invitados fueron bailando ahí hasta las cuatro de la mañana. La mamá de la festejada era cansadísimo, pero su papá estaba feliz. Los primeros en llegar estaban los miembros de la familia. Como estaba invierno, no pudieron usar los jardines del hotel y pronto se pudo ver que muchos estaban abanicándose porque tenían mucho calor. Aunque varios ventanas eran abierto, el salón era calientísimo. María era preciosa. Su vestido estaba de seda blanco bordado con pequeños perlas. Estaba de color blanco, una color que le quedaba muy bien.

Siga estos mismos pasos al revisar el borrador de su propio escrito.

Tercer paso: Revisión de la ortografía

Después de revisar la gramática, repase lo escrito buscando los errores de acentuación y de ortografía.

Cuarto paso: Redacción de la versión final

Escriba una versión final de su trabajo ya con las correcciones y los cambios necesarios.

Capítulo 2: La narración

La narración

La narración tiene como propósito la presentación de una acción, de algo que ha ocurrido. Contesta la pregunta: ¿Qué sucedió? Cuenta un cuento, narra un suceso; es decir, presenta una secuencia de eventos ya sean ficticios o verdaderos. Al escribir una narración, sencillamente se habla de algo que ocurrió o que nos ha sucedido, y que por alguna razón queremos compartir con otra persona.

Al igual que en una descripción, lo esencial en una narración es seleccionar aquellos detalles que ayuden a crear el efecto que se desea transmitir. En la narración, sin embargo, importa también ordenar la sucesión de los eventos para asegurarse de que la acción avance.

Idealmente, la narración puede dividirse en tres partes: *la presentación* de la situación, que es la parte en la cual se establecen los hechos en que se basa la acción; *la complicación*, en donde se presenta la acción principal y las tensiones que la rodean; y *el desenlace* o *resolución*, que como su nombre lo indica, presenta la resolución de las tensiones.

La perspectiva

La narración puede escribirse desde varias perspectivas. Por ejemplo, generalmente se escribe en tercera persona cuando se cuenta a otro algo que ha sucedido. Pero si el narrador cuenta algo que le ha sucedido a él mismo, lo más usual es utilizar la primera persona.

Por ejemplo, para hablar de lo que le sucedió a un amigo se escribiría:

> Juan se levantó tarde ese día. Se vistió rápidamente. No desayunó. Sabía que faltaban exactamente siete minutos para que comenzara el examen. Mentalmente calculó lo que debía hacer: tenía dos minutos para llegar a la universidad, un minuto para estacionar el auto, tres minutos para llegar al edificio y un minuto para llegar al salón de clase.
>
> Al llegar vio a don Mauro. Como de costumbre, el profesor esperaba reloj en mano. El joven vaciló un instante. El viejo lo miró un segundo y, sin decir nada, cerró la puerta.

En este caso, la narración está escrita en tercera persona, pues se habla de Juan y del profesor, en otras palabras, de *ellos*. El mismo caso podría contarse en primera persona, desde la perspectiva de Juan, el protagonista de los hechos.

> Me levanté tarde ese día. Me vestí rápidamente. No desayuné. Sabía que faltaban exactamente siete minutos para que comenzara el examen. Mentalmente calculé lo que debía hacer: tenía dos minutos para llegar a la universidad, un minuto para estacionar el auto, tres minutos para llegar al edificio y un minuto para llegar al salón de clase.
>
> Al llegar vi a don Mauro. Como de costumbre, esperaba reloj en mano. Vacilé un instante. Me miró un segundo y, sin decir nada, cerró la puerta.

Como la narración está escrita aquí en primera persona, se omiten algunos detalles que se incluyeron en la narración en tercera persona. Por ejemplo, ya que no es necesario distinguir entre dos protagonistas masculinos, se eliminan las frases descriptivas como *el joven* y *el viejo*. Las dos narraciones, aunque similares, no son idénticas.

Vocabulario útil

Aunque en la narración se puede presentar los hechos en varios órdenes, lo más frecuente es seguir el orden cronológico, es decir, contar los sucesos en el orden en que occurrieron. Para ayudar al lector a seguir el desarrollo de la acción paso por paso, pueden usarse varios adverbios y otras expresiones como las que se dan a continuación, que establecen las relaciones temporales.

VOCABULARIO RELACIONADO CON LA CRONOLOGIA	
a partir de	después de (que), luego de (que)
al + *infinitivo*	durante
al cabo de	en aquel entonces
al (día, mes, año) siguiente	entonces
al final	luego
al mismo tiempo	mientras
al principio	por fin, finalmente
antes de (que)	tan pronto como, en cuanto
cuando	ya

La narración en primera persona: Modelo y análisis

Modelo

La araña

Ya estaba obscuro cuando subí la escalera. Al entrar al cuarto encendí la luz y me desvestí rápidamente. Estaba cansada. Había trabajado todo el día y mi cuerpo me pedía descanso. Apagué la luz y me metí en la cama, subiéndome las cobijas hasta la nariz. Al moverme para acomodarme mejor, sentí unas cosquillas en la cara y me quedé paralizada. ¿Sería una araña? Sin querer me estremecí. No quería moverme. Traté de quedarme inmóvil, casi sin respirar. Pero algo se movía. ¿Qué hacer? ¿Gritar? ¿Darme un golpe en la cara? Por fin, desesperada, salté de la cama y encendí la luz. Me sacudí el camisón y el cabello, pero no encontré nada. Apresuradamente me dirigí de nuevo a la cama. Quería encontrar el bicho y matarlo antes de que se me escapara. Sacudí la sábana, luego las cobijas y por último la almohada. Entonces se solucionó el misterio: de un pequeño agujero de la almohada salieron flotando plumas y más plumas. Mi araña imaginaria era una pluma.

(Nola Oviedo, 1980)

Análisis

Perspectiva

La narración que aquí se estudia está escrita en la primera persona singular. La acción se ve desde la perspectiva de la persona que cuenta el suceso. La narradora participa en la acción; es la protagonista. Habla de lo ocurrido comunicando a la vez lo que sintió y experimentó en el momento mismo en que sucedieron los hechos.

Organización

Esta narración tiene tres partes. *La situación* se establece en la primera parte. *La complicación* se inicia en la segunda parte y *el desenlace* o *resolución* ocurre en la tercera.

Situación:　Ya estaba obscuro cuando subí la escalera. Al entrar al cuarto encendí la luz y me desvestí rápidamente. Estaba cansada. Había trabajado todo el día y mi cuerpo me pedía descanso. Apagué la luz y me metí en la cama, subiéndome las cobijas hasta la nariz.

Complicación:　Al moverme para acomodarme mejor, sentí unas cosquillas en la cara y me quedé paralizada. ¿Sería una araña? Sin querer me estremecí. No quería moverme. Traté de quedarme inmóvil, casi sin respirar. Pero algo se movía. ¿Qué hacer? ¿Gritar? ¿Darme un golpe en la cara?

Desenlace:　Por fin, desesperada, salté de la cama y encendí la luz. Me sacudí el camisón y el cabello, pero no encontré nada. Apresuradamente me dirigí de nuevo a la cama. Quería encontrar el bicho y matarlo antes de que se me escapara. Sacudí la sábana, luego las cobijas y por último la almohada. Entonces se solucionó el misterio: de un pequeño agujero de la almohada salieron flotando plumas y más plumas. Mi araña imaginaria era una pluma.

Tema y tono

El tema de esta narración es sencillo, sin pretensiones literarias; es decir, la autora no ha intentado escribir una pieza de literatura a imitación de los grandes escritores. Se trata simplemente de contar un suceso, despertando a la vez el interés del lector. Note cómo el suceso pudo haberse contado en pocas palabras:

Anoche, cuando trataba de dormirme, creí sentir una araña en la cara, pero resultó ser una pluma.

Pero al narrar el episodio paso a paso, incluyendo a la vez más detalles, se crea el suspenso y se dramatiza el momento. Los detalles que la autora incluye—por ejemplo, me quedé *paralizada; me estremecí; desesperada, salté* de la cama; etcétera—hacen resaltar la tensión del relato y despiertan el interés del lector en solucionar el misterio.

Aspectos estilísticos: Uso de los tiempos verbales

En esta narración se hace uso principalmente del pretérito y del imperfecto de indicativo. El pretérito se usa para adelantar la narración. Contesta la pregunta: ¿Qué hizo el personaje principal? Mediante la narración, la autora contesta así.

- Subí la escalera.
- Encendí la luz.
- Me desvestí rápidamente.
- Apagué la luz.
- Me metí en la cama.
- Sentí unas cosquillas en la cara.
- Me quedé paralizada.
- Me estremecí.
- Traté de quedarme inmóvil.
- Salté de la cama.
- Etcétera.

El imperfecto se usa para describir la situación, es decir, el ambiente en que se desarrolla la acción o el estado mental y físico del personaje.

- Estaba obscuro.
- Estaba cansada.
- Mi cuerpo me pedía descanso.
- No quería moverme.
- Algo se movía.
- Etcétera.

El pluscuamperfecto se usa para describir una acción que occurre *antes* de otra en el pasado.

- Estaba cansada. *Había trabajado* todo el día y mi cuerpo me pedía descanso.

Antes de comenzar a escribir: Ejercicios

A. *La diferencia entre una narración y una descripción.* Examine los siguientes pasajes. Determine cuáles de ellos son descripciones y cuáles son narraciones. Recuerde que una narración presenta un suceso y contesta la pregunta: ¿Qué sucedió?

1. Las niñas están en el salón de clase. La maestra, sentada al frente, escribe algo en un cuaderno forrado de azul. Se oye soplar el viento. Una niña dibuja en una hoja grande de papel. Las demás no le hacen caso.

2. Pedro entró en la tienda. Por fin traía dinero. El reloj todavía estaba ahí, sobre el terciopelo negro. Sin titubear se dirigió al dependiente y le dijo, «Quiero el reloj de oro que está en aquella vitrina.»

3. La muchacha tenía el cabello rubio de un tono pálido, color de trigo. Su mirada reflejaba el verde de los campos. No era muy alta.

4. El día que conocí a Javier yo había ido a visitar a mi hermana. De regreso me detuve un momento en una juguetería. Quería ver los ferrocarriles en miniatura. De repente oí una voz que interrumpió mis pensamientos. Era Javier. Recuerdo que me pareció guapísimo y sin saber cómo, acabé por comprar un encantador trencito.

B. *El análisis de la narración.* Analice las narraciones que se identificaron en el Ejercicio A. ¿Desde qué punto de vista están escritas? ¿Qué clase de organización demuestran? ¿Cuál es el tema y el tono de cada una? ¿Logran captar el interés del lector? ¿Cómo?

C. *¿Cuáles temas se prestan para escribir una narración?* Escoja entre los temas que se presentan a continuación aquéllos que Ud. considere que se prestan para escribir una narración. Dé las razones que justifiquen su decisión.

1. El día que me quebré una pierna
2. Mi amigo más íntimo (Mi amiga más íntima)
3. Mi primer accidente automovilístico
4. El valor de una educación universitaria
5. El jardín de mis padres
6. Una aventura en el desierto
7. Los maravillosos reptiles
8. Cinco reglas para alargar la vida
9. Una visita al dentista
10. Cómo se hace una torta de chocolate

Para cada uno de los temas escogidos como apropiados para desarrollar una narración, elabore cada uno de Uds. una oración que sirva como complicación y otra que sirva como desenlace. Un miembro de la clase debe anotar todas las ideas en la pizarra. Después de anotadas, comenten sobre cada narración y su desarrollo.

D. *El orden temporal en la narración.* Lea el tema y las oraciones que le siguen. Las oraciones que aquí se presentan, sin un orden lógico, forman parte de una narración. Estudie el tema y ordene los eventos de acuerdo con el orden temporal.

Tema: El día que compré mi primer automóvil

Eventos: 1. Firmé el contrato de venta.

2. Pasé dos semanas visitando agencias de automóviles.

3. Me había enamorado de un Ford azul del año 1979.

4. Hice algunas preguntas al agente.

5. Llegué a la agencia muy temprano.

6. Discutimos el precio.

7. Pedí las llaves para dar una vuelta en él.

8. Saludé al encargado.

9. Decidí no mostrar mucho interés en el Ford.

10. Pregunté el precio.

11. Pasé media hora mirando un Renault.

12. Indiqué que me parecía caro.

13. Por fin me encaminé hacia el Ford.

14. Permití que el agente me convenciera.

15. Quise gritar de gusto.

16. Para hacerlo más interesante, discutí un poco sobre el precio.

Escriba los eventos anteriores en forma de un párrafo, incorporando por lo menos cuatro de las palabras o expresiones del vocabulario de la página 20 y haciendo los cambios gramaticales necesarios.

E. ***Las partes de la narración.*** Examine la siguiente narración. Identifique la parte en que se establece la situación, aquélla en que se inicia la complicación y la que presenta el desenlace o resolución.

El examen final

Empecé a estudiar como a eso de las diez de la noche. Estaba cansadísimo, pero sabía que si no estudiaba, no aprobaría el examen final. Acerqué la cafetera a mi escritorio y, sin parar, repasé todos mis apuntes y papeles hasta que dieron las seis de la mañana. A las ocho, la hora del examen, con gran entusiasmo, recogí mis papeles y me fui a la universidad. Estaba un poco nervioso, pero cuando por fin vi el examen, por poco brinco de gusto. ¡Estaba facilísimo! No había pregunta que no supiera contestar. Empecé a trabajar con furia. Después de un rato, como todo me iba tan bien, decidí descansar un momento. Recargué la cabeza sobre el pupitre durante lo que me pareció sólo un instante. Cuando me desperté, eran las cuatro. El examen había terminado. El profesor había recogido todos los exámenes, incluyendo el mío, mientras yo dormía.

F. ***Trabajo en pequeños grupos.*** Divídanse en grupos de cuatro estudiantes.

1. Hable cada uno de Uds. de un episodio que haya experimentado en su propia vida. Utilicen el siguiente cuadro para organizar una breve presentación personal.

Tema: El día que _____
   (algo pasó)

Detalles que pueden incluirse

Situación: ¿Qué día era?
¿Dónde estaba Ud.?
¿Por qué recuerda Ud. el incidente (el día)?
¿Qué estaba haciendo Ud.?
¿Con quién estaba Ud.?

Complicación: ¿Qué ocurrió primero (después)?
¿Por qué ocurrió?
¿Por qué fue éste un suceso poco común?

Resolución/
Desenlace: ¿Qué pasó como resultado de la complicación?
¿Qué efecto tuvo lo ocurrido en Ud.?
¿Qué cambió como resultado de la acción?

2. En cada grupo escojan y analicen en detalle una narración de las cuatro que se presentaron. Un miembro de la clase debe escribir en la pizarra el orden en que sucedieron los eventos.

   a. Examinen el orden en que se han colocado los eventos para determinar si se ha captado la cronología, añadiendo a la vez adverbios de tiempo donde sea necesario.

   b. Eliminen los detalles que no sean necesarios para narrar lo sucedido.

   c. Agreguen detalles que ayuden a captar el interés del lector y a recrear la impresión que el episodio dejó en quien lo experimentó.

   d. Escojan un título para la narración.

ETAPA DOS: LA REDACCION

Cómo se escribe una narración

La narración más fácil de escribir es aquélla que presenta un hecho real de la vida del escritor mismo o de la vida de una tercera persona. Puede escogerse un suceso interesante, divertido, instructivo, o que simplemente sea importante para quien lo narra. El secreto de una buena narración consiste en escoger cuidadosamente aquellos detalles que comuniquen mejor la impresión que dejó el momento vivido en quien lo vivió.

El proceso de escribir una narración se basa en los pasos que se detallan a continuación. Estudie cada paso cuidadosamente antes de empezar a escribir su composición.

1. Escoja un incidente real que Ud. recuerde vivamente.
2. Escriba una oración que refleje la impresión que el incidente dejó en Ud. Por ejemplo: No olvidaré jamás el terror que sentí esa noche.
3. Recuerde y tome notas del incidente en su totalidad.
4. Escoja los detalles principales.
5. Decida cómo organizar la narración de modo que ésta tenga un principio, una complicación y una solución.

6. Decida qué tono tendrá la narración, es decir, cómo se creará el suspenso, la emoción, etcétera.

7. Decida qué resolución tendrá su narración. Dirija todos los detalles hacia tal resolución.

8. Escriba un borrador.

9. Revise el contenido. ¿Se ha transmitido la impresión que se deseaba?

10. Revise los aspectos gramaticales.

11. Pase el trabajo en limpio.

Tarea

Escriba una narración que tenga como mínimo unas 150 palabras. Antes de seleccionar un tema, note que hay muchos recuerdos que pueden servir de base de una narración; por ejemplo:

1. El día (la noche) en que…

    a. fui a mi primer baile.

    b. me nombraron el mejor jugador del equipo.

    c. ganamos (perdimos) el juego más importante de la temporada.

    d. llegué a la universidad por primera vez.

    e. conocí a mi compañero de cuarto.

2. Cómo aprendí…

    a. a manejar un automóvil.

    b. a patinar.

    c. a andar en bicicleta.

3. Desde ese inolvidable día…

    a. nunca llego tarde.

    b. nunca estudio la noche antes del examen.

    c. nunca me acuesto sin examinar bien la cama.

ETAPA TRES: LA REVISION

Primer paso: Revisión de la estructura y de la organización

Revise la narración ya escrita mediante las siguientes preguntas.

- ¿Cuenta mi narración algo que sucedió?

- ¿Qué parte de mi narración contiene la situación?
- ¿Qué parte de mi narración contiene la complicación?
- ¿Qué parte de mi narración contiene el desenlace?
- ¿Mantuve la misma perspectiva a través de toda la narración?
- ¿Mantuve el mismo tono?
- ¿Capta la narración la impresión que dejó en mí el incidente?
- ¿Contribuyen todos los detalles que incluí a dejar esa impresión?
- ¿Puede seguirse cronológicamente la narración? ¿Utilicé el vocabulario que indica cronología?
- ¿Qué estrategias utilicé para despertar el interés del lector?

Segundo paso: Revisión de los aspectos gramaticales

Una narración puede escribirse en el tiempo presente o en el pasado. Cuando se escribe en el pasado, los tiempos que se usan con más frecuencia son el pretérito y los tiempos perfectos (el presente perfecto y el pluscuamperfecto) para referirse a acciones completadas, y el imperfecto simple y el imperfecto progresivo para describir acciones o situaciones en progreso con respecto a otras.

El pretérito y los tiempos perfectos

Estos tres tiempos verbales se refieren a acciones que se completaron en el pasado. El pretérito y el presente perfecto describen acciones que ocurrieron antes de un momento en el presente. El pluscuamperfecto describe una acción que ocurrió antes de un momento en el pasado.

	PUNTO DE REFERENCIA	EJEMPLOS	ANALISIS
PRETERITO	Presente	Ayer **fuimos** al teatro y **vimos** una obra trágica.	Las dos acciones ocurrieron antes del momento actual.
PRESENTE PERFECTO	Presente	¿**Ha visto** Ud. esta obra? No, no **he ido** al teatro recientemente.	Se habla de acciones que ocurrieron antes del momento actual.
PLUSCUAM-PERFECTO	Pasado	Ya **habíamos comido** cuando ellos llegaron.	La acción de *llegar* ocurrió en el pasado; la acción de *comer* ocurrió en un momento anterior.

En la mayoría de los casos, el uso del presente perfecto es igual en español que en inglés: se refiere a una acción que ocurrió antes del momento actual. Como el pretérito también tiene esta función, son frecuentes los casos en que los dos tiempos se sustituyen libremente en ambas lenguas.

¿Ha visto Ud.
¿Vio Ud. $\Big\}$ esa obra?   ¿Has comido
¿Comiste $\Big\}$ ya?

El presente perfecto *no* puede reemplazar el pretérito si la acción se asocia explícitamente con un momento pasado.

En 1941 $\left\{\begin{array}{l} \text{fuimos} \\ \text{*hemos ido}^1 \end{array}\right\}$ a Europa. $\left\{\begin{array}{l} \text{Me corté} \\ \text{*Me he cortado} \end{array}\right\}$ el dedo ayer.

Por otro lado, el presente perfecto se usa con mucha frecuencia para indicar que cierta acción anterior tiene alguna importancia o impacto especial en las acciones o las emociones actuales.

¡Qué susto! ¿Por qué has gritado?   (*El grito tiene un impacto emocional en el presente.*)

Porque me he cortado el dedo.   (*La acción tiene un impacto actual.*)

¡Levántate! Ha entrado el rey.   (*Su entrada tiene la importancia especial de motivar la acción actual: levantarse.*)

Ejercicios

A. Explique el por qué del uso de los tiempos pasados en los siguientes casos.

1. Me *matriculé* en la universidad hace dos años pero ya *había visitado* el *campus* varias veces antes.

2. ¿Qué *has hecho* para ayudar a un amigo recientemente?

3. Mis padres se *casaron* en 1950.

4. No querían comer porque ya *habían* comido.

5. ¿*Has oído* semejante tontería en tu vida?

B. Decida si es posible reemplazar, en los siguientes casos, el presente perfecto por el pretérito y vice versa.

1. La semana pasada *estudiamos* la descripción.

2. Ud. no *ha dicho* nada todo el día.

3. Ud. no *ha dicho* nada en todo el día y eso me preocupa mucho.

---

[1] Se emplea el asterisco (*) para señalar una forma defectuosa.

4. ¿*Aprendieron* Uds. a usar la computadora?

5. ¡Dios mío! ¿Qué *has hecho*?

6. Lo *conocí* durante mi primer año aquí.

El uso del pretérito y del imperfecto en la narración

Los dos tiempos más comunes en la narración son el pretérito y el imperfecto. En la narración se usan de acuerdo con el siguiente cuadro.

TIPO DE ACCION	TIEMPO
1. Una acción que adelanta la narración **Tocó** la puerta. **Entró. Saludó** a su madre. 2. Una acción limitada en el tiempo **Estudió** toda la noche. **Llamó** mil veces. 3. Un hecho empezado o completado en el pasado (*no* la descripción de una escena) **Cerró** el libro. **Empezó** a llover a las ocho. Se **fue** inmediatamente. 4. Un cambio emocional, físico o mental (*no* la descripción de una condición o un estado) Todos se **alegraron** al oir las noticias. Se **puso** pálido. **Supo** que murió el niño.	P R E T E R I T O

TIPO DE ACCION	TIEMPO
1. Una expresión que describe la situación o que pinta el cuadro en el que tiene lugar lo narrado **Era** tarde. **Hacía** mucho frío. 2. Una acción continua interrumpida por otra acción Mientras **cantaba**, llegó mi hermano. **Mirábamos** la televisión cuando sonó el teléfono. 3. Una acción continua o repetida sin límite de tiempo De niña, **trabajaba** en una pequeña tienda. **Ibamos** todos los veranos. 4. La descripción de un estado emocional, físico o mental **Quería** casarme con ella aunque **estaba** gravemente enferma. **Creía** en Dios, pero no **pensaba** en eso. 5. Una acción anticipada desde un punto de vista pasado Al día siguiente **iba** a tener una fiesta. Como **tenía** un examen la próxima semana, no había tiempo para divertirme.	I M P E R F E C T O

Ejercicios

A. Complete el siguiente pasaje con la forma correcta de los verbos indicados. El tiempo debe escogerse de acuerdo con la función indicada a la izquierda.

Función del verbo

1. descripción
2. descripción
3. acción continua interrumpida por otra
4. acción completada
5. descripción
6. descripción
7. cambio mental
8. estado mental
9. anticipación
10. acción continua
11. acción completada
12. acción completada
13. acción limitada en el tiempo
14. acción completada
15. acción continua interrumpida por otra
16. acción completada que adelanta la narración
17. acción empezada en el pasado

En una ciudad lejana, _____ un castillo muy antiguo.
$(haber^1)$

_____ un edificio enorme, hecho de piedra negra. Una noche,
(Ser^2)

cuando todos en el castillo _____ , _____ un hombre que
$(dormir^3)$ $(llegar^4)$

_____ todo de azul. Al ver que el castillo _____ en silencio,
$(vestir^5)$ $(estar^6)$

_____ esperar hasta que amaneciera para acercarse a la
$(decidir^7)$

puerta. _____ que su llegada ____ a ser una sorpresa
$(Saber^8)$ (ir^9)

desagradable para los que _____ en la gran fortaleza. Se
$(vivir^{10})$

_____ debajo de un árbol y _____ la cabeza en el tronco
$(sentar^{11})$ $(apoyar^{12})$

para descansar. Así _____ por varias horas. Cuando
$(permanecer^{13})$

_____ los ojos, el sol ya _____ . _____ las piernas y
$(abrir^{14})$ $(salir^{15})$ $(Estirar^{16})$

_____ hacia el castillo.
$(caminar^{17})$

B. Siguiendo el ejemplo del ejercicio anterior, identifique la función de cada verbo indicado en el siguiente pasaje.

María *empezó*[1] a cansarse después de pasar el palo que *marcaba*[2] la milla veinte. *Sintió*[3] miedo de no poder terminar la carrera. *Quería*[4] ganar. Se *imaginaba*[5] lo que dirían todos sus amigos. Pero no *podía*[6] moverse. *Sentía*[7] una pesadez increíble en las dos piernas. No *tenía*[8] fuerzas ni para dar un paso más. Llorando, casi temblando, se *dejó*[9] caer sobre el pavimento frío.

C. Lea el siguiente pasaje y luego complételo con la forma correcta de los verbos indicados, ya sea el pretérito, el imperfecto o el pluscuamperfecto, según el contexto.

Cuando (*despertarme*)[1] _____, ya (*saber*)[2] _____ que algo (*estar*)[3] _____ mal. Mi pequeño cuarto, que siempre (*estar*)[4] _____ oscuro cuando (*levantarme*)[5] _____ a las cinco para poder coger el tren de las seis, ahora (*estar*)[6] _____ lleno de una terrible alegre luz. La noche anterior yo (*llegar*)[7] _____ tarde y, cansada, (*acostarme*)[8] _____ inmediatamente. Por la luz que ahora (*jugar*)[9] _____ en las paredes, (*saber: yo*)[10] _____ que no (*poner*)[11] _____ el despertador. Enderezándome en la cama, (*mirar*)[12] _____ el reloj. ¡(*Ser*)[13] _____ las nueve y media! ¿Qué (*ir*)[14] _____ a hacer? ¿Llamar y fingir enfermedad? En realidad no (*sentirme*)[15] _____ muy bien. ¿Levantarme y vestirme? Quizás nadie (*darse*)[16] _____ cuenta de que yo no (*estar*)[17] _____ en mi oficina. ¿Volver a dormir? No, ya (*estar*)[18] _____ despierta. (*Levantarme*)[19] _____, todavía indecisa.

El uso del imperfecto progresivo en la narración

El imperfecto simple y el imperfecto progresivo describen acciones que están en progreso en un momento determinado en el pasado. Por eso, muchas veces es posible alternar las dos formas en una narración para lograr más variedad estilística:

> Estaba lloviendo. El perro ladraba. Los niños estaban llorando. La abuela rezaba.

Por lo general, se usa la forma progresiva y *no* la forma simple en tres situaciones específicas: 1) para enfocar o hacer destacar el hecho de que la acción está en progreso, 2) para indicar que la acción lleva una carga emocional y 3) para señalar que la acción—esté o no esté en progreso en ese momento—está fuera de lo normal. Sólo en el tercer caso es posible usar la forma progresiva para referirse a acciones que no están en progreso en el momento de que se habla.

IMPERFECTO SIMPLE	IMPERFECTO PROGRESIVO
Llovía. El perro ladraba. Los niños lloraban. La abuela rezaba. (*Indica que las acciones están en progreso en el pasado.*)	Estaba lloviendo. El perro estaba ladrando. Los niños estaban llorando. La abuela estaba rezando. (*Pone énfasis en el hecho de que las acciones están en progreso.*)
Pero, ¿en qué pensabas? (*No produce impacto emocional alguno.*)	Pero, ¡¡en qué estabas pensando?! (*Expresa emoción.*)
Tuvieron que emplear a otra maestra porque los niños faltaban mucho a clase. (*La acción de faltar se repetía.*)	Tuvieron que emplear a otra maestra porque los niños estaban faltando mucho a clase. (*La acción de faltar está fuera de lo normal, es sorprendente.*)

Hay algunas restricciones importantes sobre el uso de la forma progresiva. Excepto en el caso antes mencionado de indicar anormalidad, la forma progresiva sólo se usa para expresar acciones que se llevan a cabo en el momento de que se habla; no se usa para referirse a acciones habituales ni para anticipar acciones. La forma progresiva sólo se forma con verbos de acción o proceso; no se construye con verbos como **ser, estar, tener, poseer, saber, conocer, poder,** etcétera, ni con los verbos **ir** y **venir**.

USO DEL IMPERFECTO	USO INAPROPIADO DEL PROGRESIVO
Todos los días me **levantaba** a las ocho.	*Todos los días me **estaba levantando** a las ocho. (*acción habitual*)
Mañana **empezaban** las ceremonias.	*Mañana **estaban empezando** las ceremonias. (*acción anticipada*)
Desde la ventana se **veían** las montañas.	*Desde la ventana se **estaban viendo** las montañas. (**Ver** *no se refiere a una acción en progreso en ese momento.*)
Había mucha gente en la sala.	***Estaba habiendo** mucha gente en la sala. (**Haber** *no es un verbo de acción.*)

Ejercicios

Examine el siguiente pasaje. ¿En qué casos es posible sustituir el imperfecto por el imperfecto progresivo? ¿Qué cambio ocurre en el significado al hacer tal sustitución? Si hay casos en que el reemplazo no es posible, explique por qué.

> Mis padres dormían en el cuarto grande que estaba al fondo de la casa. Tenían una ventana grande que daba al jardín. Un día muy temprano entré a buscar a mamá. Vi que estaba leyendo un libro con mucha atención. No quise interrumpirla. Me dirigí a la ventana desde la cual se veía a mis hermanos. Jugaban en el jardín. Uno fingía ser piloto de avión, mientras que el otro manejaba la torre de control. Sentí una grandísima ternura. ¿Cómo podía ser que pronto no los iba a volver a ver? Cerré los ojos contra las lágrimas que empezaban a nublarlos y me volví de nuevo hacia mamá.

Ahora, explique el por qué de los usos del imperfecto y del pretérito en el pasaje anterior.

Corrección de pruebas

A. Lea cuidadosamente los siguientes pasajes en inglés. Luego corrija el uso de los tiempos pasados en las traducciones al español.

> *1.* When I saw them, the man was shouting at the woman. He looked angry. He had raised his arm as if to hit her, and I heard him mutter a curse. The woman looked sad. She was wearing a long skirt and a torn blouse. I wondered what I should do. While I was thinking, the couple disappeared. I looked around me, but I couldn't tell where they had gone. I waited for a few minutes to see if they returned, but the street remained empty.

> Cuando los veía, el hombre estaba gritándole a la mujer. Se vio enojado. Levantó el brazo como para pegarle y oí que murmuraba una maldición. La mujer parecía triste. Llevaba una falda larga y una blusa rota. Me preguntaba qué debía hacer. Mientras pensé, la pareja desaparecía. Miraba a mi alrededor, pero no podía averiguar por dónde se fueron. Esperaba unos minutos para ver si volvieron, pero la calle permaneció vacía.

> *2.* It was late. The clock struck one. Slowly the restaurant was emptying. Most of the others had already left. Maggie spoke first. While she spoke, she played with a pencil. Tom spoke next. He seemed older, perhaps tired.

> Fue tarde. El reloj dio la una. El restaurante empezaba a vaciarse lentamente. La mayoría de los otros ya se fueron. Maggie hablaba primero. Mientras habló, jugó con un lápiz. Luego habló Tom. Estuvo más viejo, quizás cansado.

B. Lea el siguiente pasaje con cuidado, examinando los diferentes usos de las formas verbales. Luego escríbalo de nuevo, corrigiendo los errores en el uso lógico de los tiempos pasados.

> Elena habló mientras yo comí. Me decía que estaba queriendo que yo le ayudara con su tarea. Me explicó que su profesor fue muy exigente. Yo pensaba por un momento y luego le dije que no pude ayudarla. Le contaba que no tuve tiempo, pero no la miré a los ojos porque supe que mentí.

Siga estos mismos pasos al revisar el borrador de su propio escrito.

Tercer paso: Revisión de los aspectos gramaticales estudiados en capítulos anteriores

Después de revisar el uso del pretérito y del imperfecto, revise los usos de **ser** y **estar**. Si es necesario, repase las reglas incluidas en el capítulo anterior.

Cuarto paso: Revisión de la ortografía

Después de revisar los aspectos gramaticales estudiados, repase lo escrito, buscando los errores de acentuación y de ortografía.

Quinto paso: Redacción de la versión final

Escriba una versión final de su trabajo ya con las correcciones y los cambios necesarios.

Capítulo 3: Síntesis

ETAPA UNO: ANTES DE REDACTAR

La descripción dentro de una narración

Como Ud. ya sabe, la descripción tiene como propósito pintar el cuadro de una persona, objeto o lugar. Contesta la pregunta: ¿Cómo es? La narración, en cambio, cuenta un suceso, habla de algo ocurrido. Contesta la pregunta: ¿Qué sucedió? Es posible hacer descripciones que no narran y narraciones que no contienen descripción alguna, pero lo más común al escribir una narración es utilizar la fuerza de la descripción para pintar el cuadro dentro del cual se realiza la acción.

La descripción usada dentro de una narración, tanto como la que se escribe con el solo propósito de describir, tiene como fin describir una escena. Al usarse dentro de la narración, sin embargo, la descripción se utiliza principalmente como trasfondo, es decir, para contribuir a crear la impresión total que el escritor desea transmitir a sus lectores. Tanto como en la descripción pura, aquí también es de gran importancia la selección de detalles, aunque en este caso tal selección está subordinada a las necesidades del proceso narrativa. La descripción crea la escena en la cual tienen lugar los acontecimientos que se narran.

Al hacer una descripción en la cual se apoya una narración, importa sobre todo que el escritor esté consciente de que lo que describe es precisamente *eso*, un apoyo. En la narración la acción es más importante que la descripción: ésta sólo debe contribuir a que el lector visualice el cuadro que enmarca la acción o las características de los personajes. Jamás debe importar más lo que se describe que lo que se narra.

Vocabulario útil

La narración que contiene una descripción necesita enfocar con claridad lo que es acción y lo que es trasfondo. Las palabras y expresiones que se presentan a continuación pueden ser de utilidad para colocar la acción en cierto tiempo o época.

VOCABULARIO PARA ESTABLECER RELACIONES CRONOLOGICAS	
a la mitad del (siglo, mes, año)	en los años mil (ochocientos)
al nacer, en la infancia, en la niñez, de niño (adolescente, adulto), en la vejez, al morir	en los años (veinte, treinta) (del siglo pasado)
antiguamente, en aquel entonces	en (primer, segundo) lugar
cada (*número*) (años, meses, semanas, días)	hace (*número*) de (meses, años) que
desde (que)	hoy, hoy (en) día, actualmente
después, más tarde	previo, anterior
en (*año*)	

La narración que incluye una descripción: Modelo y análisis

Modelo

La primera sospecha surgió en la deficiente cabeza de la vieja Trinidad. La vieja Trinidad vivía con una nieta de cinco años en una choza pegada como un tumor a la casucha del indiano. Ocupaba aquella pobre habitación a cambio de limpiar la casa y de hacer, en fin, todo el trabajo de una criada.

Trinidad fue a llevar el desayuno a Gorbea, y nadie respondió a su llamada. Volvió a la hora de almorzar, y el silencio que siguió a los golpes que dio en la puerta comenzó a parecerle espantoso. Al día siguiente don Ezequiel aún no había dado señales de existencia. Trinidad marchó al pueblo y preguntó por su señor. No le habíamos visto. Al volver, preocupada e inquieta, a su choza, se fijó en que había una mancha de sangre en la orilla del camino, frente a la puerta de la casa. Llamó a unas vecinas, hicieron conjeturas, trataron de mirar a través de los cristales llenos de polvo. Silencio y misterio. La vieja Trinidad volvió al pueblo, esta vez seguida de algunos vecinos, y manifestó sus temores ante el sargento de la Guardia Civil de Gramina.

(de *Un error judicial*, Wenceslao Fernández Flórez)

Análisis

Tema

En esta narración se habla del origen de una sospecha, la sospecha de que don Ezequiel, el patrón de la vieja Trinidad, haya desaparecido.

Organización

Este pasaje, que forma parte de una narración más larga, capta los eventos que despertaron en Trinidad el temor de que algo malo le hubiera ocurrido a su amo. Aquí la descripción crea el marco dentro del cual se lleva a cabo la acción. Empieza con una descripción de Trinidad. Se dice que es vieja, de cabeza deficiente, y se cuenta que vive con una nieta en una choza pegada a la casa del indiano. Todo el primer párrafo está dedicado a la descripción de la vieja. No se incluye acción alguna.

En el segundo párrafo, lo que resalta es la acción: «Trinidad fue a llevar el desayuno»; «Nadie respondió a su llamada»; «Trinidad marchó al pueblo»; «Llamó a unas vecinas»; etcétera. A diferencia del primer párrafo, la descripción es mínima. Sólo se incluyen unos cuantos detalles—«preocupada e inquieta», «cristales llenos de polvo»—que ayudan al lector a visualizar la escena.

Aspectos estilísticos: Punto de vista y tono

Punto de vista. Cuando se usa el término *punto de vista*, se habla de la relación del escritor con respecto a lo que narra o describe. En el caso de la descripción, el punto de vista del escritor se refiere generalmente al punto visual desde el cual éste contempla la situación, lugar o cosa. Por ejemplo, al describir una casa, su punto de vista puede ser el de un observador que se encuentra directamente enfrente de ella. Sin embargo, la misma casa puede describirse desde otro punto visual: viendo hacia afuera o desde alguno de los pisos de la casa vecina. En este caso, *«punto de vista»* se refiere a la situación física del escritor en relación con lo que describe.

No obstante, el *punto de vista* incluye mucho más. No solamente importa en una descripción decidir desde qué perspectiva física se observará un objeto o un lugar, sino que es importante también determinar cuál es la relación de quien describe con lo descrito. ¿Lo conoce bien? ¿Lo observa objetivamente? ¿Es algo que le afecta emocionalmente? El punto de vista indica, pues, no sólo la situación física del escritor, sino también su actitud hacia lo que describe.

En la narración, el término *punto de vista* tiene un significado similar. Aquí se habla, ya no de la relación física que tiene el escritor con lo que describe, sino de su participación o relación con la acción misma. El punto de vista en el género narrativo, entonces, refleja dos aspectos fundamentales: 1) quién es el narrador y 2) cuál es la participación del escritor en la acción.

En general, la narración puede escribirse en *primera persona*, o sea, desde la perspectiva de una persona que participa en la acción, o en *tercera persona*, o sea, desde la perspectiva de alguien que sólo cuenta lo que le ha sucedido a otro.

Dentro de estas dos perspectivas generales hay otras posibilidades. La narración en primera persona, por ejemplo, puede contarse desde el punto de vista de un observador que no participa en la acción o puede incluir al narrador como personaje principal.

También existen varias posibilidades al presentar la narración en tercera persona. Por ejemplo, puede contarse un suceso desde un punto de vista omnisciente, o sea, desde una posición en que se conocen los pensamientos y acciones de todos los personajes; o puede narrarse desde un punto de vista limitado dentro del cual el narrador demuestra tener solamente un conocimiento parcial de aquéllos.

Antes de escribir una narración, el escritor ha de decidir qué punto de vista utilizará. También necesita considerar la acción misma, la impresión que desea dejar en el lector y el impacto que puede tener sobre lo narrado un determinado punto de vista. Finalmente, debe asegurarse de mantener constantes tanto la perspectiva como el punto de vista a través de toda la narración.

Tono. El término *tono* tiene un significado parecido al de la palabra *tono* cuando se habla de *tono de voz.* El tono refleja la actitud emocional que se tiene hacia el tema: uno puede hablar con un tono sarcástico, por ejemplo, o con un tono entusiasta. El tono también varía según la relación que exista entre el que habla y quienes le escuchan: un tono informal es más apropiado para hablar con un amigo que para dirigirse a un desconocido.

Al escribir, el tono se establece por medio del vocabulario que se utiliza (*una mesa pequeña* no es lo mismo que *una mesita*) y también mediante las estructuras gramaticales (uso de las formas de *tú* para referirse al lector en vez de una presentación impersonal). Como Ud. ya lo sabe, una misma escena puede describirse en varios tonos, y el tono que se escoge influye en gran parte en la interpretación que el lector dé a lo escrito.

Antes de decidir qué tono ha de emplear, el escritor debe hacerse primero las siguientes preguntas: 1) ¿Cuál es mi actitud hacia lo ocurrido? y 2) ¿A quién se lo cuento?

Antes de comenzar a escribir: *Ejercicios*

A. *Vocabulario estructural.* Escriba oraciones de orden cronológico según los patrones que se dan a continuación. Se puede llenar los espacios con más de una sola palabra. Las oraciones deben completarse con información verdadera.

1. Antes de _____ me gustaba _____.

2. En el siglo pasado la gente viajaba por _____; más tarde ellos _____ y hoy día pueden _____.

3. Para empezar, uno tiene que _____ para aprender a tocar el piano; después hay que _____.

4. De adolescentes muchos muchachos _____, pero más tarde ellos _____.

5. Al mismo tiempo que _____, _____.

6. Antes de aprender que _____, yo pensaba que _____.

7. Antiguamente me gustaba(n) _____ pero hoy _____.

8. Durante mi niñez yo _____ pero ahora, de adulto, _____.

9. Mientras yo _____, _____ todos los días, pero finalmente yo _____.

10. Entre 1910 y 1970, _____.

11. Desde que tenía 10 años, yo he _____.

B. *La identificación de narraciones que contienen una descripción.* Lea las narraciones que se dan a continuación como ejemplo e identifique las oraciones descriptivas. ¿Cuál es la impresión que deja la descripción en cada caso?

1. La casa sólo tiene una ventana. Creo que da a la sala. Allí no hay luz. La puerta de la sala da al patio y coincide con la ventana a través de la cual observo. Estoy en la acera de enfrente, y miro al fondo de la casa. Detrás de la sala oscura, hay luz en el patio. Allí está ella leyendo. Sólo veo sus cabellos. La línea de su frente se recorta sobre la página blanca.

La calle es sombría. El cuadrito luminoso que veo a través de la ventana me llena de felicidad. Me gusta verla leyendo. También quisiera que volteara. No sabe que estoy allí, enfrente de su casa. ¿Por qué no voltea? Sus cabellos le cubren la espalda. La luz los enciende, matizándolos. De pronto, el cuadro desaparece. Es la madre que se ha dado cuenta de mi asedio y cierra la ventana.

(de La feria, Juan José Arreola)

2. El carruaje se detuvo a la salida de un pueblecito. Un oficial encapotado avanzó hacia ellos haciendo sonar las espuelas, los reconoció y ordenó al cochero que siguiera. El viento suspiraba entre las hojas de los maizales resecos y tronchados. El bulto de una vaca se adivinaba en un corral. Los árboles dormían. Doscientos metros más adelante se acercaron a reconocerlos dos oficiales, pero el carruaje casi no se detuvo. Y ya para apearse en la residencia presidencial, tres coroneles se acercaron a registrar el carruaje.

(de El señor presidente, Miguel Angel Asturias)

3. Esta noche a la estación han llegado dos viajeros: son una señora y una niña. La señora lleva un ancho manto de luto; la niña viste un traje también de luto. Casi no se ve, a través del tupido velo, la cara de esta dama. Pero si la pudiéramos examinar, veríamos que sus ojos están enrojecidos y que en torno de ellos hay un círculo de sombra. También tiene los ojos enrojecidos la niña. Las dos permanecen silenciosas esperando el tren. Algunas personas del pueblo las acompañan.

    El tren silba y se detiene un momento. Suben a un coche las viajeras. Desde allá arriba, desde la casa ahora cerrada, muda, si esperáramos el paso del tren, veríamos cómo la lucecita roja aparece y luego, al igual que todas las noches, todos los meses, todos los años, brilla un momento y luego se oculta.

(de Una lucecita roja, Azorín)

C. *El punto de vista en la narración*

  1. ¿Quién es el narrador de cada una de las selecciones anteriores? ¿Participa el narrador en la acción?

  2. Lea los siguientes ejemplos e identifique el punto de vista desde el cual se han escrito. ¿Quién es el narrador de cada uno? ¿Cómo participa el narrador en la acción? Explique.

    a. Y esto no puede ser, María Rosario; tú vivirás en una casa oscura; te habrás casado con un hombre que redacte terribles escritos para el juzgado; acaso te hayas puesto gruesa, como todas las muchachas del pueblo cuando se casan; tal vez encima de la mesa hay unos pañales...

(de Las confesiones de un pequeño filósofo, Azorín)

    b. Invitados por el señor de los topacios, nos sentamos a una mesa. Nos sirvieron coñac y refrescos, a elección. Y aquí se rompió la armonía. La rompió el alcohol. Yo no tomé. Pero tomó él. Pero estuvo el alcohol próximo a mí, sobre la mesa de mármol blanco. Y midió entre nosotros y nos interceptó las almas. Además, el alma del señor Aretal ya no era azul como la mía. Era roja y chata como la del compañero que nos separaba. Entonces comprendí que lo que yo había amado más en el señor Aretal era mi propio azul.

(de El hombre que parecía un caballo, Rafael Arévalo Martínez)

D. *El tono en la narración.* Lea los ejemplos que siguen y determine cuál es la actitud del autor hacia la persona descrita.

1. Ella se moría, quizás de pasión de ánimo, quizás de aprensión, pero por mi culpa; y yo no podía ofrecerle, en desquite de la vida que le había robado, lo que todo lo compensa; el don de mí mismo, incondicional, absoluto. Intenté engañarla santamente para hacerla dichosa, y ella, con tardía lucidez, adivinó mi indiferencia y mi disimulado tedio, y cada vez se inclinó más hacia el sepulcro.

(de *La caja de oro*, Emilia Pardo Bazán)

2. La tía me miró entre bondadosa e irónica, y al fin, cediendo a la gracia que le hice, soltó el trapo, con lo cual se desfiguró y puso patente la espantable anatomía de sus quijadas. Reíase de tan buena gana, que se besaban barba y nariz, ocultando los labios, y se le señalaban dos arrugas, o mejor, dos zanjas hondas, y más de una docena de pliegues en mejillas y párpados; al mismo tiempo, la cabeza y el vientre se le columpiaban con las sacudidas de la risa, hasta que al fin vino la tos a interrumpir las carcajadas, y entre risas y tos, involuntariamente, la vieja me regó la cara con un rocío de saliva . . . Humillado y lleno de repugnancia, huí a escape y no paré hasta el cuarto de mi madre, donde me lavé con agua y jabón, y me di a pensar en la dama del retrato.

(de *Primer amor*, Emilia Pardo Bazán)

3. Había empezado a leer la novela unos días antes. La abandonó por negocios urgentes, volvió a abrirla cuando regresaba en tren a la finca; se dejaba interesar lentamente por la trama, por el dibujo de los personajes. Esa tarde, después de escribir una carta a su apoderado y discutir con su mayordomo una cuestión de aparcerías, volvió al libro en la tranquilidad del estudio que miraba hacia el parque de los robles. Arrellanado en su sillón favorito, de espaldas a la puerta que lo hubiera molestado como una irritante posibilidad de intrusiones, dejó que su mano izquierda acariciara una y otra vez el terciopelo verde y se puso a leer los últimos capítulos.

(de *Continuidad de los parques*, Julio Cortázar)

E. ***Trabajo en pequeños grupos.*** Divídanse en grupos de cuatro estudiantes. Escriban narraciones basadas en las tiras cómicas que aparecen a continuación.

1. Dos grupos de cuatro estudiantes deben escribir sobre la misma tira cómica. Su profesor les indicará desde qué perspectiva y punto de vista deben presentar la acción.

2. Analicen las narraciones una por una. Hagan comentarios sobre los puntos siguientes.

   a. ¿Cómo se establece el punto de vista?

   b. ¿Cuál es el tono de la narración?

   c. ¿Cómo se establece el tono?

   d. ¿Se incluye las tres partes de la narración? Señalen las oraciones en que se encuentra cada parte.

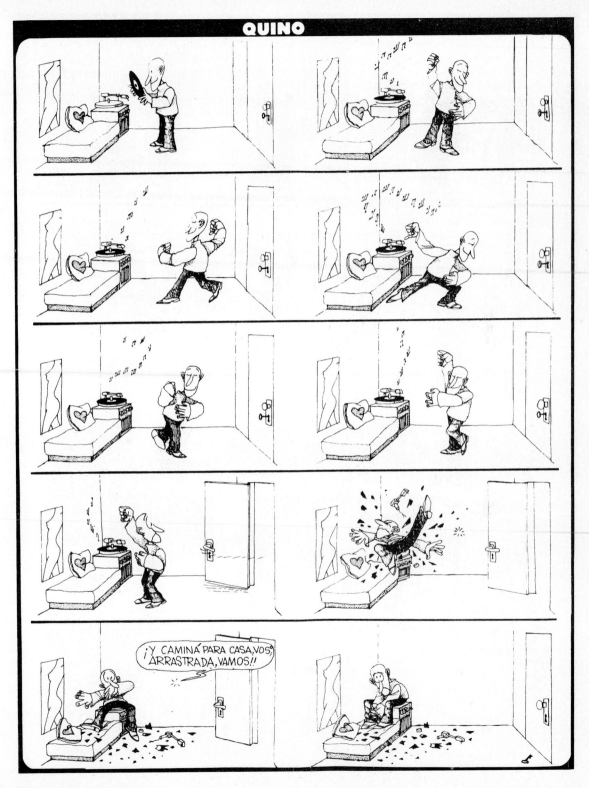

°Caminá vos = Camina tú.

QUINO

ETAPA DOS: LA REDACCION

Cómo se escribe una descripción dentro de una narración

El proceso de escribir una descripción dentro de una narración se basa en los pasos que se detallan a continuación. Estudie cada paso cuidadosamente antes de empezar a escribir su composición.

1. Escoja un incidente real que Ud. recuerda vivamente.

2. Decida cuál aspecto del incidente quiere enfocar.

3. Ponga en orden cronológico los eventos del incidente. Anote el orden en que las cosas sucedieron.

4. Decida desde qué punto de vista escribirá su narración. ¿Participó Ud. en la acción? ¿Conocerá Ud. los pensamientos de todos sus personajes?

5. Decida qué tono debe adoptar. Imagínese un lector ideal y diríjale su narración. Determine cuál es la actitud suya hacia lo que ocurrió. ¿Le causa a Ud. risa, tristeza, o le es indiferente? Intente reflejar esta actitud al narrar lo sucedido.

6. Resuma en una oración la impresión que Ud. quiere dejar en el lector. Por ejemplo: «Esa fue una noche extraordinariamente feliz.»

7. Ponga un marco visual alrededor de la acción. Incluya detalles descriptivos. ¿Cómo era el lugar en donde ocurrieron los hechos? ¿Qué se oía? ¿Qué se sentía? ¿Quiénes estaban presentes? ¿Cómo eran?

8. Escriba un borrador.

9. Revise el contenido. ¿Se ha transmitido la impresión que se deseaba?

10. Revise los aspectos gramaticales.

11. Pase el trabajo en limpio.

Tarea

Escriba una narración, de unas 150 palabras como mínimo, que contenga una descripción. Antes de seleccionar un tema, recuerde que los temas que se prestan para escribir una narración con descripción son los mismos que se prestan para escribir una narración simple: en ambos casos se trata de contar algo ocurrido. La descripción, como ya se dijo anteriormente, se usa para complementar el relato, para pintar el marco dentro del cual se lleva a cabo lo sucedido. Se puede describir la apariencia física, el olor, los sonidos, etcétera, del lugar en donde se desarrolla la acción, o las características de los personajes que participan en la acción. El único requisito es que lo descrito debe relacionarse claramente con lo que se narra. Describir *no* quiere decir inundar un relato con detalles sin importancia. Recuerde que el propósito de la narración con descripción es narrar y no describir.

ETAPA TRES: LA REVISION

El siguiente proceso de revisión puede aplicarse tanto al escrito de un compañero como a su propia composición. El proceso consiste en una serie de preguntas un poco más detalladas que las que se han presentado en los dos capítulos anteriores. Estas enfocan los diferentes aspectos de la narración que contiene descripción. Para utilizar este proceso, Ud. debe examinar el escrito que intenta revisar, contestando cada una de las preguntas.

RESUMEN: CONTENIDO Y ORGANIZACION

A. *Estructura de la narración*

- ¿Escribió Ud. una narración que contiene una descripción?
- ¿Qué es lo que sucede en su narración?
- Resuma la presentación de la situación: _____
- Resuma la complicación: _____
- Resuma el desenlace: _____

B. *La descripción dentro de la narración*

- ¿Qué describió Ud. en su narración?
- ¿Cuántas oraciones utilizó para narrar? ¿para describir?
- ¿Cuál es la proporción de oraciones descriptivas en relación con todo el relato?

C. *Impresión total*

- ¿Qué impresión se propuso Ud. dejar en el lector?
- ¿Qué detalles específicos utilizó para transmitir tal impresión?
- ¿Qué orden siguió al narrar lo sucedido? ¿Ordenó los eventos cronológicamente?
- ¿Cómo indicó la cronología de los acontecimientos? ¿Utilizó ciertas frases especiales para lograrlo?

D. *Perspectiva y tono*

- ¿Mantuvo Ud. la misma perspectiva y el mismo tono en toda la narración?
- ¿En qué persona gramatical escribió la narración?
- ¿Refleja el punto de vista que escogió algo sobre su relación con los sucesos que cuenta?
- ¿Intentó comunicar su actitud hacia lo narrado? Resuma esa actitud: _____
- ¿A quién va dirigida su narración? ¿Cómo es su lector imaginario?
- ¿Qué estrategias utilizó para establecer el tono? ¿Se valió del vocabulario? ¿de ciertas formas gramaticales?

RESUMEN: ASPECTOS GRAMATICALES Y ORTOGRAFICOS

A. *El uso de* **ser** *y* **estar**

- ¿Ha analizado Ud. todos los usos del verbo **ser** que se encuentran en su composición?
- ¿Ha analizado todos los usos del verbo **estar**?

B. *El uso del pretérito y del imperfecto*

- ¿Ha analizado Ud. todos los usos del pretérito que se encuentran en su composición?
- ¿Ha analizado todos los usos del imperfecto de indicativo?
- ¿Ha analizado todos los usos del imperfecto progresivo?

C. *Errores de ortografía*

- Anote las palabras dudosas que ha encontrado al revisar su composición: _____
- Anote los cambios hechos después de consultar un diccionario: _____

SEGUNDA PARTE

Proceso: Exposición

Capítulo 4: La exposición

ETAPA UNO: ANTES DE REDACTAR

La exposición

Se utiliza la exposición cuando se escribe en una situación en la vida real, ya sea para presentar un informe en una clase, escribir un ensayo durante un examen o hacer el resumen de algo leído. Exponer, en su forma más básica, significa presentar, declarar, interpretar o explicar el sentido genuino de una palabra, texto, idea, doctrina o proceso. El propósito de una exposición es lograr que el lector comprenda lo que se explica, presenta o declara por medio de lo escrito. Por consiguiente, la exposición se dirige al raciocinio o inteligencia del lector y no a sus sentidos como lo hace la descripción, ni a su capacidad imaginativa para recrear mentalmente un evento como lo hace la narración.

La exposición puede conceptualizarse como la respuesta a una pregunta específica. Por ejemplo, si se pregunta: «¿Qué es la electricidad?», la respuesta a esta pregunta toma la forma de una exposición. Cada respuesta o exposición, sin embargo, se formula de acuerdo con el enfoque que se le haya dado a la pregunta. Puede decirse, entonces, que la pregunta controla la respuesta. Si tomamos como ejemplo el tema de la electricidad, es obvio que éste abarca diferentes aspectos; por esta razón, una exposición sobre este tema ha de desarrollarse sobre un determinado aspecto del mismo. Es decir, en lugar de hacer una pregunta general, conviene hacer preguntas específicas como las que siguen:

- ¿Para qué sirve la electricidad?
- ¿Cómo se descubrió la electricidad?
- ¿Cómo funciona la electricidad?
- ¿Cuál es el origen de la palabra *electricidad?*
- ¿Qué importancia tiene la electricidad en la vida moderna?
- ¿Cómo se produce la electricidad?
- ¿Cuál es el costo de producir la energía eléctrica?

Para poder responder a cada una de las preguntas anteriores, sería necesario que la explicación o presentación enfocara un aspecto diferente en cada caso.

Escribir una exposición, entonces, es conceptualizar un tema de manera que lo escrito logre contestar una pregunta específica. El secreto de escribir una buena exposición reside en saber limitar el tema y en saber enfocar una pregunta determinada.

Vocabulario útil

Como se verá en los próximos capítulos, hay varias maneras de desarrollar el tema de una exposición: definición, análisis, clasificación, comparación, contraste. No obstante el método, casi todas las exposiciones empiezan con una breve introducción y terminan con un párrafo o unas oraciones de conclusión.

Tanto la estructura de la introducción como la estructura de la conclusión se tratarán con detalle en el Capítulo 6. A continuación, sin embargo, se presentan algunas expresiones que pueden ser útiles al empezar y concluir una exposición.

VOCABULARIO PARA INTRODUCCIONES Y CONCLUSIONES

Las introducciones

conviene	aclarar	investigar
es forzoso, conveniente, necesario, preciso, buena idea	conocer	poner de relieve, destacar
	decir bien preciso	reconocer
	examinar	repasar
importa	hacer notar	responder a
no vendría mal	implicar, dar a entender	ver de cerca

(+)

respecto a	se trata de	hay que tener presente, hay que tener en cuenta
en cuanto a	tiene que ver con	por lo que se refiere a
en conexión con	(no) viene al caso	en lo tocante a

Las conclusiones

a fin de cuentas	
al fin y al cabo	en el fondo
bien pensado	en realidad
como consecuencia, en consecuencia	en resumidas cuentas
comoquiera que se examine el hecho	en resumen
con todo	en todo caso
de lo anterior... se deduce que	hay que tener en cuenta que, hay que tener presente que
de lo dicho... se desprende que	
de todos modos	por consiguiente
después de todo	por lo tanto
en conclusión	resumiendo brevemente
en definitiva	se desprende que...

La exposición: Modelo y análisis

Modelo

Los idiomas en la vida del hombre moderno

El hombre es un ser social en gran parte porque dispone de un lenguaje que le permite comunicar a sus semejantes tanto sus ideas como sus sentimientos. El aislamiento que prevaleció entre los hombres hasta hace unos cuantos siglos favoreció la existencia de una multiplicidad asombrosa de lenguas e idiomas que contribuyó a distanciar más a los pueblos. Sin embargo, a medida que los seres humanos entraron en relaciones de tipo internacional, hubo necesidad de aprender otros idiomas además del propio. Así hemos llegado a la época presente en la cual se advierte el predominio de unos pocos idiomas, como el inglés, el francés, el ruso, el chino y el español, que sirven, por ahora, como idiomas universales. Prueba de ello es que todas las grandes obras literarias se traducen inmediatamente a estos idiomas. Además no debemos olvidar que, con el propósito de lograr la unidad idiomática en el mundo entero, existen grupos en casi todos los países que divulgan el esperanto, lengua híbrida que unifica varios idiomas.

(de *Hoy en la historia*, Blackaller y Ramírez)

Análisis

Tema

Aquí se trata un tema general: los idiomas. Sin embargo, como este tema es demasiado amplio, la exposición se ha limitado a responder a la pregunta: «¿Qué función tienen los idiomas para el hombre?» La tesis, o sea, la idea principal de la exposición, contesta esa pregunta diciendo: «El hombre es un ser social en gran parte porque dispone de un lenguaje que le permite comunicar a sus semejantes tanto sus ideas como sus sentimientos.» Este enfoque permite que el escritor hable de los idiomas en relación con las necesidades actuales del hombre moderno.

Organización

Esta exposición consta de un solo párrafo. La primera oración sirve de tesis, o de idea principal. Las demás oraciones desarrollan esta idea directamente. La segunda oración habla de los idiomas a través del tiempo y de su efecto en los pueblos. La tercera habla de las relaciones internacionales actuales y del impacto de éstas en los idiomas. La cuarta oración habla del uso de unas cuantas lenguas como idiomas universales. La quinta oración apoya la tercera con un ejemplo. Finalmente, la última oración pone énfasis en la necesidad de la comunicación mundial, recordando el esperanto.

Punto de vista y tono

Como la exposición se dirige a la inteligencia del lector y no a sus emociones ni a sus sentidos, el autor trata de mantener una perspectiva objetiva. Desarrolla su tema no como quien expresa una opinión o una experiencia personal, sino como quien presenta cierta información objetiva, basada en hechos. Para ayudar a crear este tono impersonal, la exposición casi siempre se escribe en tercera persona.

En esta exposición el escritor presenta una opinión en una forma neutral. En general, la exposición no intenta convencer al lector. Su propósito principal es informar. El escritor no trata, pues, de convencer a un lector hostil, ni de apoyar prejuicios existentes. El tema se presenta en un tono neutral sin emoción alguna.

Aspectos estilísticos

Para distanciarse de lo que escribe, el autor de una exposición muchas veces recurre a construcciones pasivas o impersonales. O sea, en vez de escribir «yo pienso que... » o «en mi opinión... », el escritor observa que «se advierte» o que «se opina». Otras veces el escritor desea acercarse al tema y presentarlo de manera que el lector también sienta un interés personal. En estos casos puede utilizarse, como aquí, la primera persona plural. En esta exposición se ve el uso de «hemos llegado a la época presente» y «no debemos olvidar», en lugar de «el hombre ha llegado a la época presente» y «no se debe olvidar». Esta estrategia le permite al autor sugerir que tanto él como el lector examinan el tema desde la misma perspectiva.

Aspectos estructurales

El escritor y el tema

Antes de que el escritor comience a escribir una exposición, tiene que haber una primera fase de interacción entre éste y lo que va a escribir. Es decir, el escritor tiene que escoger, limitar y enfocar su tema para que se preste a una exposición de determinada longitud.

Escoger

El primer paso es escoger un tema global o general: una amplia categoría temática que sea de interés especial para el escritor y sobre la cual sepa lo bastante como para desarrollar la exposición de una manera completa e inteligente.

Limitar

El segundo paso requiere que se limite el tema escogido. Obviamente, si se desea escribir una exposición de unas doscientas cincuenta palabras y se ha escogido un tema muy amplio, ocurrirá una de dos cosas: o la exposición resultará demasiado general y vaga, o el escritor sobrepasará el límite de palabras impuesto.

Limitar un tema global o general es dividirlo en partes, seleccionar una de ellas y limitar más aún la parte seleccionada. Al limitar un tema, primero se piensa en las posibles subdivisiones del mismo y se sigue subdividiendo hasta dar con un tema que parezca encajar entre los límites fijados para la exposición. El cuadro que se incluye a continuación ilustra cómo se puede dividir un tema general en aspectos cada vez más limitados y, finalmente, cómo se enfoca un aspecto específico mediante preguntas.

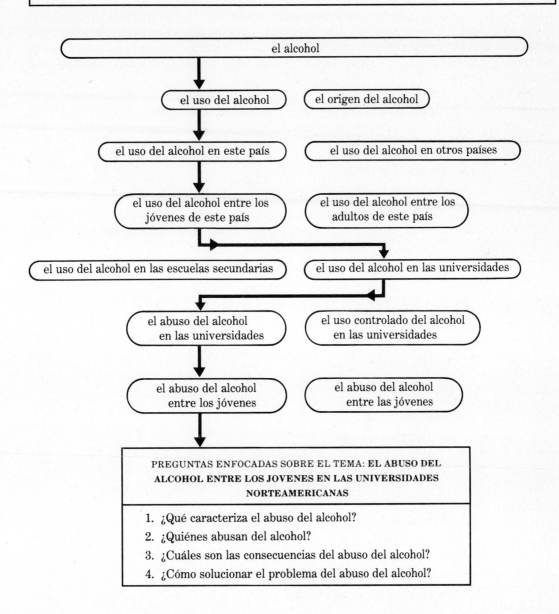

LA LIMITACION DE UN TEMA A TRAVES DEL ANALISIS

el alcohol

el uso del alcohol   el origen del alcohol

el uso del alcohol en este país   el uso del alcohol en otros países

el uso del alcohol entre los jóvenes de este país   el uso del alcohol entre los adultos de este país

el uso del alcohol en las escuelas secundarias   el uso del alcohol en las universidades

el abuso del alcohol en las universidades   el uso controlado del alcohol en las universidades

el abuso del alcohol entre los jóvenes   el abuso del alcohol entre las jóvenes

PREGUNTAS ENFOCADAS SOBRE EL TEMA: **EL ABUSO DEL ALCOHOL ENTRE LOS JOVENES EN LAS UNIVERSIDADES NORTEAMERICANAS**

1. ¿Qué caracteriza el abuso del alcohol?
2. ¿Quiénes abusan del alcohol?
3. ¿Cuáles son las consecuencias del abuso del alcohol?
4. ¿Cómo solucionar el problema del abuso del alcohol?

Enfocar

Se enfoca el tema limitado haciendo preguntas específicas para lograr encontrar un aspecto reducido del mismo. Las preguntas sirven para subdividir el tema limitado más todavía. Como paso final, se selecciona una sola pregunta, cuya respuesta dé como resultado una exposición de la extensión deseada. Note que en el cuadro anterior, varias de las subdivisiones del tema global «el alcohol» pudieron haberse usado como temas de una exposición de gran extensión.

Para enfocar un tema, importa saber hacer preguntas que abarquen los diferentes aspectos del mismo. Por ejemplo, si se quisiera escribir sobre cierta condición, la respuesta a las siguientes preguntas pondría al descubierto sus diferentes componentes.

1. ¿Cómo se define la condición?

2. ¿Cuáles son las causas de la condición?

3. ¿Cuáles son los efectos de la condición?

El cuadro que aparece a continuación contiene ejemplos de algunas preguntas de enfoque que pueden utilizarse para captar los diferentes aspectos de varios tipos de temas.

PREGUNTAS DE ENFOQUE	TIPO DE TEMA
¿Qué es? ¿Cómo es? ¿Para qué sirve? ¿Dónde se encuentra? ¿Cuál es su origen? ¿Cómo se hace?	cosa
¿Por qué es (fue) importante? ¿Qué papel desempeña (desempeñó)? ¿Cómo es (fue) su vida? ¿Qué problemas tiene (tuvo)?	persona
¿Qué significa? ¿Cómo se define? ¿Por qué es importante? ¿Quiénes comparten esta idea? ¿Qué ejemplos hay de esta idea?	idea
¿Por qué y cómo (*opcional*) ocurre (ocurrió)? ¿Qué consecuencias tiene (tuvo)? ¿Quiénes participan (participaron)?	acción/evento

La elaboración de la tesis

Después de limitado el tema y enfocado un aspecto específico del mismo, se elabora la tesis. Generalmente la tesis se escribe como respuesta a una pregunta de enfoque. Por ejemplo, supongamos que el escritor ha decidido ya escribir sobre el fútbol. De allí necesita pasar a limitar el tema. El proceso puede ser el siguiente:

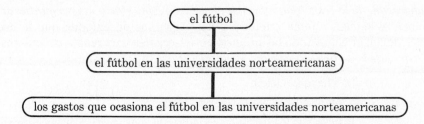

el fútbol

el fútbol en las universidades norteamericanas

los gastos que ocasiona el fútbol en las universidades norteamericanas

Como el escritor enfoca su interés en los gastos que ocasiona el fútbol, buscará una respuesta a la pregunta: «¿Cuál es el costo de mantener un equipo de fútbol?» Según lo que le revelen sus investigaciones sobre el asunto, su tesis podría tomar una de las siguientes formas:

1. Es sumamente caro mantener un equipo de fútbol.

2. El costo de mantener un equipo de fútbol no es excesivo.

Si la información obtenida mediante la investigación apoya la primera tesis, el escritor escogerá aquellos datos que mejor defiendan esta aserción. Organizará su exposición de manera que cada oración contribuya a reforzar la idea principal. De la misma manera, si la investigación apoya la segunda tesis, el escritor estructurará su exposición en una forma que le ayude a explicar o defender tal postura. Puede decirse, entonces, que la exposición se escribe *de acuerdo con la tesis que se intenta establecer*. Se incluyen sólo aquellos detalles que contribuyan a defender la idea principal.

Antes de comenzar a escribir: Ejercicios

A. ***La limitación de un tema.*** Los temas que siguen son muy generales y por lo tanto no se prestan para hacer una exposición clara en una o dos páginas. Discuta con sus compañeros cómo se pudiera limitar cada uno de ellos. Luego en la pizarra hagan un esquema tal como el que aparece en la página 53. Después de anotados los temas más limitados, escojan aquéllos que más se presten para escribir una exposición.

Temas: El comercio   Los medios de comunicación

El arte   La educación

Los mamíferos   La mujer

B. ***La elaboración de preguntas de enfoque sobre un tema limitado.*** Para enfocar los siguientes temas limitados, es necesario que Ud. y sus compañeros de clase elaboren preguntas de enfoque. Anoten en la pizarra un mínimo de cuatro preguntas de enfoque para cada tema.

Temas: Las películas de ciencia ficción

Los trabajadores indocumentados

La idea del machismo

Don Quijote

C. ***La elaboración de la tesis tomando como base las respuestas a las preguntas de enfoque.*** Examinen el siguiente tema limitado y las preguntas de enfoque que lo acompañan. Después de haber contestado las preguntas, seleccionen *una* respuesta que pudiera servirles como tesis de una exposición. Pueden agregar más preguntas.

Tema: La energía nuclear

Preguntas: ¿Cómo se produce la energía nuclear?

¿Cuáles son los peligros asociados con la producción de la energía nuclear?

¿Por qué se cree que se necesita la energía nuclear en este país?

¿Por qué se oponen algunas personas a la energía nuclear?

D. ***Generalizaciones e ideas específicas.*** Los temas que se dan a continuación representan ideas generalizadas acerca de la familia. Les sigue una lista de ideas específicas, algunas de las cuales apoyan estos temas.

Lea los temas y la lista de ideas específicas. Escoja aquéllas que mejor apoyen los temas. Hay algunas ideas que se podrían colocar bajo más de un tema, y otras que verdaderamente no deben colocarse bajo ninguno.

Temas:

- La familia hispana es muy unida.
- La familia hispana es más unida que la familia norteamericana.
- Mi familia es muy importante para mí.

Ideas específicas:

- Los hijos de una familia norteamericana típica dejan la casa de sus padres a los dieciocho años.
- Mis padres siempre me han tratado con amor y paciencia.
- Tengo cinco hermanos y somos como amigos íntimos pues compartimos nuestros secretos y nuestros problemas.
- Los abuelos y los tíos son parte esencial de la familia hispana, pero no lo son tanto de la familia norteamericana.
- El padre, sin duda, es el jefe de la familia, mientras que la madre es su ayudante sumisa.
- Haría cualquier cosa por mis padres porque sé que ellos harían lo mismo por mí.
- En la familia hispana hay mucha dependencia entre padres e hijos.
- Muchos políticos hispanos ofrecen puestos importantes en el gobierno a sus familiares.
- Todos los domingos y los días de fiesta nos reunimos a comer y a conversar.

- Los padres norteamericanos pasan menos tiempo en la casa que los hispanos.

- La mujer hispana, una vez que es abuela, deja de llevar una vida propia y empieza a vivir para sus nietos; la abuela norteamericana vive una vida más independiente pero también más separada de sus nietos.

- Las familias hispanas suelen ser más numerosas que las familias norteamericanas.

- Los hijos en los hogares hispanos tienen más libertad que las hijas.

- Aunque muchos de mis parientes viven en Puerto Rico, los visito cada dos o tres meses.

- Los padres norteamericanos quieren que sus hijos sean independientes; los padres hispanos, en cambio, quieren que sigan ligados emocionalmente a la familia y a sus tradiciones.

E. ***Trabajo en pequeños grupos.*** El siguiente ejercicio es un ejercicio en cadena en el cual todos Uds. tendrán la oportunidad de poner en práctica cada uno de los procesos que preceden el acto de redactar una exposición. Como resultado de este ejercicio en cadena, también obtendrán el beneficio de analizar el trabajo de otros.

   1. Divídanse en grupos de cuatro.

   2. Cada grupo debe escoger un tema global diferente. Limiten el tema y luego pásenlo al grupo de la izquierda.

   3. Hagan preguntas de enfoque sobre el tema limitado. Pasen todo el trabajo al grupo de la izquierda.

   4. Lean el tema limitado y las preguntas de enfoque. Seleccionen una tesis apropiada. Pásenlo todo al grupo de la izquierda.

   5. Lean el tema, las preguntas y la tesis. Sugieran detalles y datos que se relacionen con la tesis. Pásenlo todo al grupo de la izquierda.

   6. Lean el tema, las preguntas, la tesis y los detalles sugeridos. Organicen los detalles recibidos y eliminen lo superfluo.

ETAPA DOS: LA REDACCION

Cómo se escribe una exposición

El proceso de escribir una exposición se basa en los pasos que se detallan a continuación. Estudie cada paso cuidadosamente antes de empezar a escribir su composición.

   1. Escoja un tema general.

   2. Subdivida el tema hasta que esté de acuerdo ya sea con la extensión del trabajo que se intenta preparar o con el tiempo que piensa dedicar a su investigación y redacción. Utilice la técnica de análisis que se estudió en este capítulo.

3. Elabore preguntas de enfoque.

4. Asegúrese de que cada una de las preguntas de enfoque ilumine un aspecto diferente del tema ya limitado.

5. Escoja una de las preguntas para contestarla en su exposición.

6. Busque información referente al tema limitado.

7. Anote todos los datos que encuentre.

8. Examine los datos reunidos y escriba una oración que conteste la pregunta escogida. Esta oración servirá de tesis de su exposición.

9. Elimine los datos que no contribuyan directamente a establecer la tesis.

10. Elabore un esquema en el cual se presente la tesis y los detalles que se utilizarán para apoyarla.

11. Asegúrese de que todos los detalles se relacionen con la idea principal.

12. Escriba la exposición en borrador, poniendo atención al punto de vista que se tomará y al tono que se quiere adoptar.

13. Revise el contenido.

14. Revise los aspectos gramaticales.

15. Pase el trabajo en limpio.

Tarea

Escoja uno de los siguientes temas generales para limitarlo y luego escribir una exposición de un sólo párrafo. Escoja un tema de interés personal que Ud. pueda desarrollar con facilidad en español. Además de la exposición, incluya:

1. La división del tema general para llegar al tema limitado

2. Las preguntas de enfoque sobre el tema limitado

3. La pregunta a la cual responde la tesis

4. La tesis y el esquema de los detalles de apoyo

Temas

la	comida	la	muerte	el	dinero
la	belleza	la	amistad	la	educación
la	universidad	la	política	los	compañeros de cuarto
las	dietas	la	religión	el	sexo opuesto
la	música	los	sueños	la	mariguana
el	alcohol	los	atletas	el	matrimonio
la	guerra	las	clases	los	exámenes

los	animales	un	gran hombre	la	televisión
el	tabaco	el	cine	los	automóviles
la	pobreza	el	baile	el	prejuicio
el	amor	la	violencia	las	mujeres
el	feminismo		Latinoamérica		Africa
el	suicidio		Nueva York		España
la	literatura	el	español	la	moda

ETAPA TRES: LA REVISION

Primer paso: Revisión de la estructura y de la organización

Revise la exposición ya escrita mediante las siguientes preguntas.

- ¿Cuál es el tema de mi exposición?
- ¿Cuál es la tesis de mi exposición?
- ¿Qué pregunta específica contesta la tesis?
- ¿Enfoqué sólo un aspecto del tema general?
- ¿Limité el tema lo suficiente?
- ¿Cuántos detalles escogí para apoyar la tesis?
- ¿Agrupé los detalles lógicamente?
- ¿Escribí en tercera persona?
- ¿Mantuve una actitud neutral hacia el tema?
- ¿Utilicé expresiones que demuestran mi objetividad?

Segundo paso: Revisión de los aspectos gramaticales

Una de las maneras de variar el estilo de una exposición es utilizar la voz pasiva. Por medio de la voz pasiva el énfasis de la oración recae sobre el recipiente de la acción más que sobre quien la hace. La voz pasiva en español tiene dos formas: la voz pasiva con **ser** y la voz pasiva refleja.

La voz pasiva con ser

La voz pasiva es una construcción en la cual el sujeto no ejecuta la acción del verbo (es decir, no es el *agente* de la acción), sino que la recibe (es el recipiente).

> **VOZ ACTIVA: SUJETO = AGENTE**
>
> **Las enfermeras distribuyeron** la medicina.
>
> **El perro devoró** los huesos.
>
> **El hombre ha abierto** la puerta.

> **VOZ PASIVA: SUJETO = RECIPIENTE**
>
> **La medicina fue distribuida** por las enfermeras.
>
> **Los huesos fueron devorados** por el perro.
>
> **La puerta ha sido abierta** por el hombre.

Como lo demuestran los ejemplos anteriores, la construcción pasiva con **ser** consiste en tres partes:

| sujeto/recipiente | **ser** + participio pasado | **por** + agente |

El verbo **ser** concuerda en número con el sujeto. Puede ocurrir en cualquier tiempo gramatical, aunque el uso del presente o del imperfecto es poco frecuente. El participio pasado funciona como adjetivo en esta construcción: concuerda en número y género con el sujeto. No es necesario incluir la frase **por** + *agente* a menos que se quiera identificar explícitamente al agente. Presente o no en la frase, el agente queda implícito en la estructura de la voz pasiva: el lector comprende que *alguien* o *algo* es responsable de la acción.

Ejercicios

A. Examine las siguientes oraciones. Concentre su atención en la concordancia y haga las correcciones que sean necesarias.

1. Este poema fueron escrito por mis amigos.
2. El niño serán castigados por sus padres.
3. La ventana ha sido quebrada por una piedra.
4. La comida fue preparado por una de sus hijas.
5. Ese carro fue abandonada por la dueña.
6. Los indígenas fue atacados por el elefante.

B. Convierta a la voz pasiva con **ser**.

   1. El dueño vendió la casa.

   2. Los relámpagos encendieron los árboles.

   3. Felipe devolverá el regalo.

   4. Los criados habían preparado la cena.

   5. Los cristianos vencieron a los moros.

   6. La clase ha presentado varias obras de García Lorca.

C. Complete las siguientes oraciones con expresiones pasivas.

   1. Mi libro favorito...

   2. Nuestro mejor presidente...

   3. La Tercera Guerra Mundial...

   4. Mi pintura favorita...

   5. El aparato más útil de este siglo...

Restricciones sobre el uso de la voz pasiva con ser

Hay tres restricciones sobre el uso de la voz pasiva en español que la distinguen de la voz pasiva en inglés.

1. Generalmente los verbos de percepción (**ver, oír, escuchar, sentir**, entre otros) no se usan en la voz pasiva con **ser**. Tampoco se acostumbra usar en la voz pasiva con **ser** los verbos de emoción (**querer, odiar, temer**, etcétera).

2. No se puede construir una oración pasiva con un tiempo progresivo (**estar** + participio presente).

3. Sólo el complemento directo (C.D.) de un verbo activo puede ser el sujeto (S.) o recipiente (R.) de una oración pasiva con **ser**.

$$\text{C.D.}$$
María escribió **la carta**.

$$\downarrow$$

La carta fue escrita por María.
$$\text{S./R.}$$

No obstante, si hay un complemento indirecto (C.I.) en la misma oración, ya no es posible construir una oración pasiva con el complemento directo.

$$\text{C.I.} \qquad \text{C.D.}$$
María **le** escribió **la carta**

$$\downarrow$$

*****La carta** le fue escrita por María.

Si se quiere dar más énfasis al complemento directo, es posible hacerlo con una oración activa en la cual el complemento directo ocurre dos veces.

María le escribió **la carta.**

↓

La carta se **la** escribió María.

Mi tío me regaló **este suéter.**

↓

Este suéter me **lo** regaló mi tío.

El complemento indirecto nunca puede ser el sujeto/recipiente de una oración pasiva. En este caso la oración activa no admite otra alternativa.

C.I.

Jorge le dio un regalo a **Inés.**

***Inés** fue dada un regalo por Jorge.

ORACION ACTIVA	ORACION PASIVA INACEPTABLE	ALTERNATIVA
Los estudiantes odiaron el libro.	*El libro fue odiado por los estudiantes. (*verbo de emoción*)	oración activa
El niño estaba cantando los villancicos.	*Los villancicos estaban siendo cantados por el niño. (*forma progresiva*)	oración activa
El profesor les mostró las diapositivas.	*Las diapositivas les fueron mostradas por el profesor. (*presencia de un complemento indirecto*)	Las diapositivas se las mostró el profesor.
Guadalupe le compró el vestido a Patty.	*Patty fue comprada el vestido por Guadalupe. (*presencia de un complemento indirecto*)	oración activa

Ejercicios

A. Determine cuáles de las oraciones a continuación no se pueden expresar en la voz pasiva con **ser** e indique por qué.

1. El maestro me dio el libro.

2. Oyeron la campana a medianoche.

3. El niño pronunció la palabra.

4. Los Maldonado compraron el barco.

5. El mesero estaba escribiendo el menú.

6. Quieren a Magdalena.

7. Los soldados perdieron la batalla.

8. El guardia abrió el banco.

9. Ya hablaron con el presidente.

10. Fernando encontrará el gato.

B. Convierta a la voz pasiva con **ser** todas las oraciones del ejercicio anterior que se presten a esta construcción.

C. Exprese las siguientes ideas en español. *Atención:* no es posible usar la voz pasiva con **ser** en todos los casos.

1. The children were given milk and cookies.

2. Milk and cookies were given to the children.

3. The Constitution is being revised by the Congress this year.

4. The Constitution was drafted in 1787.

5. These bowls were made by hand (**a mano**) by the Indians of Guatemala.

6. The film was seen by more than two million people.

7. Many buildings were destroyed by the storm.

8. Clothing and medicine were sent to the needy.

9. The chair was broken by the fat man.

10. The grain was harvested in the fall.

La voz pasiva refleja

En español, las muchas restricciones impuestas sobre el uso de la voz pasiva con **ser** impiden que se use con frecuencia en la lengua hablada y limitan también su uso en la lengua escrita. En cambio, la voz pasiva refleja se usa mucho—tanto en la lengua hablada como en la escrita— para expresar aquellas acciones en que no existe un agente específico o el agente no es parte esencial del mensaje.

VOZ PASIVA REFLEJA	ANALISIS
El agua se compone de oxígeno e hidrógeno. *Water is composed of oxygen and hydrogen.*	No existe un agente específico en este caso.
La pasiva con **ser** no se usa con frecuencia. *The passive with **ser** is not used frequently.*	El agente—o sea, quien usa o no usa la pasiva—no es parte esencial del mensaje.

Como ya se hizo notar, aunque el agente no siempre se menciona en la construcción pasiva con **ser**, su presencia siempre se implica. En cambio, en la construcción refleja no hay ningún agente involucrado, ya sea implícita o explícitamente. Compare los ejemplos siguientes:

PASIVA CON **SER**	PASIVA REFLEJA
El vaso fue roto. (*Se sobreentiende que alguien o algo, aunque no identificado aquí, lo rompió.*)	El vaso se rompió. (*No implica la presencia de agente alguno.*)
Los libros fueron escritos en el siglo XV. (*Hay un autor implícito.*)	Se escribieron los libros en el siglo XV. (*El agente no es parte importante del mensaje: **libros** es el foco de interés.*)

La pasiva refleja se construye con el pronombre reflexivo **se** más la tercera persona de la voz activa del verbo. Cuando el sujeto/recipiente (S./R.) es una cosa (un ente inanimado) el verbo concuerda en número con el sujeto/recipiente. Cuando el sujeto/recipiente es un ente animado (una persona o un animal específico), le precede la preposición **a**, y el verbo se conjuga en singular.

PASIVA CON ENTE INANIMADO	ANALISIS
Se **abren las puertas** a las cinco.	S./R. plural → verbo plural
Antes no se **comía carne** los viernes.	S./R. singular → verbo singular
¿Ya no se **ofrecen tapas** a los clientes?	S./R. plural → verbo plural
Se **bebe vino blanco** con el pollo, ¿no?	S./R. singular → verbo singular

PASIVA CON ENTE ANIMADO	ANALISIS
Se **ve a los niños** desde la ventana.	S./R. animado → verbo singular + preposición **a**
No se **debe** hablar **al guardia**.	S./R. animado → verbo singular + preposición **a**
En esta barra se **ataba a los caballos**.	S./R. animado → verbo singular + preposición **a**

Ejercicios

A. Convierta a la voz pasiva refleja.

   1. Vieron al soldado.

2. Hablan español aquí.

3. Vendieron más autos este año que el año pasado.

4. ¿Traerán más comida mañana?

5. No entienden a los inmigrantes.

6. Visitaron los museos.

7. Visitaron a los enfermos.

B. Exprese las siguientes oraciones en español, escogiendo la voz pasiva con **ser** o la voz pasiva refleja según sea apropiado.

1. These books were bought by John.

2. Several watches were bought with the money that was received.

3. Many things were said that day that will never be forgotten.

4. The soldiers were paid after the arms were obtained.

5. The dog was killed by the car.

6. The men were observed through the mirror.

7. The chicks were incubated electronically.

Restricciones sobre el uso de la voz pasiva refleja

En la mayoría de los casos, cuando no se acepta la voz pasiva con **ser**, la voz pasiva refleja sí es aceptable.

Verbo de percepción:	Se vio la película varias veces.
Verbo de emoción:	Es obvio que se quiere mucho a Doña Amalia.
Tiempo progresivo:	Se está usando menos petróleo últimamente.
Complemento directo con un complemento indirecto presente:	Se le dijeron las palabras mágicas.

Sólo hay dos restricciones sobre el uso de la voz pasiva refleja.

1. El complemento indirecto no puede ser el sujeto/recipiente de una construcción pasiva refleja. En este caso las alternativas son o una oración activa o una oración pasiva refleja en que el complemento directo sea el sujeto/recipiente de la acción.

2. No se debe usar la voz pasiva refleja si el agente queda mencionado explícitamente en la oración. En este caso es preferible el uso de la voz pasiva con **ser**.

ORACION ACTIVA	ORACION REFLEJA INACEPTABLE	ALTERNATIVA
Mandaron a Inés las flores.	*Se mandó a Inés las flores.	Se mandaron las flores a Inés. (*El complemento directo es el* S./R.)
Los niños rompieron la taza.	*Se rompió la taza por los niños.	La taza fue rota por los niños. (*voz pasiva con* **ser**)

Ejercicio

Exprese las siguientes ideas en español. *Atención:* Hay que escoger entre la voz pasiva con **ser** y la pasiva refleja; no es posible usar una construcción pasiva en todos los casos.

1. The children were given special help in the afternoons.
2. These stories were read last semester; what is being read this term?
3. During the holiday season, the houses will be decorated and traditional foods will be prepared by the women of the village.
4. Nothing like that had ever been seen before.
5. The government was toppled by leftist forces.
6. This sweater was made for me by my grandmother.
7. All of my friends were invited to the party; even Puccini the dog was invited!
8. The invitations were sent out on Friday.
9. The sun and the moon have always been worshipped by primitive peoples.
10. The rest of the money has not been discovered.

La reflexiva impersonal

La reflexiva impersonal es una construcción que equivale a las construcciones indefinidas inglesas *one, they, it* y *you* coloquial. Utiliza el pronombre reflexivo **se** y el verbo en tercera persona singular. Uno de los usos más importantes de la reflexiva impersonal es su empleo para dar un tono formal y objetivo a un escrito: reemplaza las expresiones informales como **mucha gente, las personas** y evita el uso de un pronombre personal: **Ud.** piensa, **tú** sabes.

REFLEXIVA IMPERSONAL	ANALISIS
Se piensa que el hombre murió en la guerra. *It is believed [they believe] that the man died in the war.*	El sujeto es general, impersonal—no se refiere a ninguna persona o grupo en particular.
Se vive bien ahí. *People [one, you] live well there.*	Aquí también el sujeto no es una persona específica, sino un sujeto general, impersonal.
Primero **se va** a la derecha y luego **se va** a la izquierda. *First you go to the right and then you go to the left.*	El sujeto no se refiere a una persona determinada [**Ud.**] sino a cualquier persona.

Ejercicios

A. Exprese en español usando la construcción reflexiva impersonal.

   1. One can see the moon from here.

   2. People think that Tom is a genius.

   3. A lot is heard about war and violence.

   4. They say that she is his mother.

   5. It is the classic dilemma: You don't ask questions because you don't know enough to know what you don't understand.

   6. You can't learn unless you practice.

B. Examine las siguientes oraciones. Reemplace los sujetos personales informales con el **se** impersonal y haga todos los cambios que sean necesarios en el verbo. Comente los cambios de sentido que estos reemplazos sugieren.

   1. Tú sabes que el dinero es una fuerte motivación: tú no haces nada sin recompensa.

   2. Mucha gente dice que esas personas no pueden resolver el problema.

   3. Ellos no han puesto suficiente énfasis en los estudios científicos.

   4. Cada año la gente recibe más ayuda del gobierno y cada año la gente necesita aún más.

   5. Ud. debe usar la voz pasiva si no tiene un sujeto específico para la oración.

Corrección de pruebas

A. Examine cuidadosamente el siguiente pasaje. Analice las construcciones subrayadas y decida qué cambios pueden hacerse para corregir o dar un tono más formal y objetivo a lo escrito.

> Muchas personas <u>han hablado</u> del tema de la educación y <u>han dicho</u> que tiene cada vez menos valor. Sin embargo, muchos datos que <u>han sido recogidos</u> indican que el porvenir de las personas de baja escolaridad tiene grandes limitaciones. <u>Tú puedes ver</u> que el desempleo <u>es encontrado</u> más entre los grupos que no han tenido la oportunidad de educarse. El problema, aunque no <u>es entendido</u> completamente, es muy severo. Parece haber una relación íntima entre la preparación escolar y el éxito económico. Por ejemplo, datos estadísticos que <u>han sido recogidos</u> en todo el país demuestran que <u>tú puedes</u> notar claramente las diferencias de remuneración entre las personas que terminan los estudios universitarios y las que los abandonan antes de terminar la escuela secundaria. <u>Es sabido</u> que, aunque hay excepciones, <u>la gente</u> debe valorizar los estudios en este mundo moderno.

B. Examine cuidadosamente el siguiente pasaje. Escríbalo de nuevo, sustituyendo los sujetos personales por la reflexiva impersonal cuando sea posible y corrigiendo tanto los errores en el uso de la voz pasiva como en el uso del vocabulario.

Muchas personas creen que los deportes no deben ocupar un lugar en el programa universitario. Debemos visitar las universidades para saber lo que la gente dice allí. En la opinión de muchos estudiantes los deportes sí deben incluirse en el programa universitario. Los deportes no son rechazados como tontos, sino que son considerados como una parte importante de la «experiencia universitaria». En las clases los estudiantes son enseñados cosas importantes como la historia y la física. Pero, según ellos, Ud. no aprende todo de los libros. En la competencia deportiva el estudiante es dado la oportunidad de aprender sobre la cooperación y el valor de un esfuerzo en conjunto. Si los deportes son eliminados del programa universitario, muchos estudiantes son privados de una experiencia positiva.

Siga estos mismos pasos al revisar el borrador de su propio escrito.

Tercer paso: Revisión de los aspectos gramaticales estudiados en capítulos anteriores

Después de revisar los usos de la voz pasiva con **ser**, la voz pasiva refleja y la construcción reflexiva impersonal, revise también: 1) el uso de **ser** y **estar** y 2) el uso del pretérito y del imperfecto.

Cuarto paso: Revisión de la ortografía

Después de revisar los aspectos gramaticales estudiados, repase lo escrito, buscando los errores de acentuación y de ortografía.

Quinto paso: Redacción de la versión final

Escriba una versión final de su trabajo ya con las correcciones y los cambios necesarios.

Capítulo 5: La definición

ETAPA UNO: ANTES DE REDACTAR

La exposición: La definición

A la exposición que define se le da el nombre de *definición*. Definir, según el *Diccionario de la lengua española* de la Real Academia, es «fijar con claridad, exactitud y precisión la significación de una palabra o la naturaleza de un concepto». Por lo general, se usan definiciones breves en cualquier tipo de ensayo para aclarar algún término o concepto que se considere que el lector pueda desconocer. En este caso, además de aclararle el tema al lector, ayuda al escritor a fijar los límites del asunto que trata.

En contraste, en una definición extendida el autor pretende informar al lector sobre la naturaleza de una entidad o de un concepto global y no sobre el significado de una sola palabra. La definición contesta la pregunta: «¿Qué es?» y también busca explicar los aspectos que le dan su carácter único o especial.

Para escribir una definición, ya sea ésta breve o extendida, pueden utilizarse cuatro técnicas diferentes.

Técnica 1: El uso de clase + diferenciación

En esta estructura se sitúa el concepto dentro de una *clase*, por ejemplo: *El perro es un animal* y luego se explica en qué sentido(s) este concepto se diferencia de otros de la misma clase. El cuadro que se incluye a continuación contiene varios ejemplos de esta técnica.

PALABRA	CLASE	DIFERENCIACION
Matrimonio	Relación humana	Tiene fundamento legal y religioso, y existe exclusivamente entre un hombre y una mujer.
Compadrazgo	Relación humana	Tiene fundamento social y religioso, y existe entre los padres de una criatura y su(s) padrino(s).
Hermandad	Relación humana	Parentesco de sangre que existe entre seres que comparten uno o ambos padres.

Técnica 2: El uso de la ilustración

La ilustración puede ser muy breve, limitándose a nombrar sólo unos ejemplos específicos del concepto, o más extensa, hasta llegar a la narración de un episodio que ejemplifique lo que se está definiendo.

Ejemplos: *El poema del Mio Cid, Beowulf* y *La Chanson de Roland* son ejemplos del poema épico.

No hay mejor explicación del *narcisismo* que el mito griego del cual el término se deriva. Narciso era un joven conocido por su gran belleza física. Habiendo rechazado el amor de varias ninfas, se vio un día reflejado en las aguas de un río. Se enamoró de sí mismo y por fin murió sin poder apartar la mirada de las aguas que reflejaban su propia imagen.

Técnica 3: El uso de sinónimos

Esta manera de definir se parece mucho a la técnica que se usa en los diccionarios. En las obras menos formales, sin embargo, el autor tiene que hacer el esfuerzo de usar sinónimos comunes o de fácil comprensión para el lector a quien se dirige.

Ejemplos: Fundar es edificar o establecer.

Un ángulo es la abertura formada por dos líneas que parten de un mismo punto llamado vértice.

Al utilizar esta técnica es importante evitar el uso de frases como «es cuando» o «es donde»; conviene definir un sustantivo con otro sustantivo.

No: La paranoia es cuando una persona piensa que otros le están persiguiendo insistentemente.

Sino: La paranoia es un desorden mental que se caracteriza por un complejo de persecución.

Tampoco se debe construir una definición que contenga formas derivadas de la misma palabra que se define.

No: La censura es el proceso de censurar selecciones lingüísticas o visuales o aquellas partes de las mismas que puedan ofender la sensibilidad del que censura.

Sino: La censura es el proceso de eliminar o quitar selecciones lingüísticas o visuales o aquellas partes de las mismas que puedan ofender la sensibilidad de una comunidad específica.

Técnica 4: El uso de la etimología

Este tipo de definición explica el origen o la historia de un término con el fin de mostrar su significado original y cómo éste pudo haberse modificado a través del tiempo.

Ejemplo: **caballero:** persona de alguna consideración o de buen porte (antiguo, soldado de a caballo, del latín *caballarius,* que cabalga o va a caballo)

A pesar de sus diferencias, todas estas técnicas para desarrollar una definición comparten un mismo propósito: aclarar y concretizar un concepto para hacer más fácil su comprensión al lector.

Aunque la definición generalmente se escribe de una manera objetiva y distanciada, también puede revelar otros sentimientos: puede escribirse con toques de humor, con un tono satírico, o puede dársele un tono burlesco o impaciente.

Ejemplos: El arco iris es la cinta que se pone la Naturaleza después de haberse lavado la cabeza.

La T es el martillo del abecedario.

(de *Greguerías*, Ramón Gómez de la Serna)

Vocabulario útil

Las palabras y expresiones que se incluyen a continuación se utilizan con frecuencia al escribir una definición.

VOCABULARIO PARA DEFINIR	
aclarar	
ejemplificar	
especificar	
el (la) _____ consiste en _____	se conoce popularmente como _____
consta de _____	se emplea en _____
es de (color, forma, tamaño, apariencia) _____	se parece a _____
es originario (originaria) de _____	significa, quiere decir _____
	sirve para _____
se caracteriza por _____	sugiere _____

La definición: Modelo y análisis

Modelo

Las algas

Las algas son plantas que viven en al agua. Pertenecen al tipo de vegetales conocidos con el nombre de *talofitas*. Carecen de tejidos y de órganos. Su cuerpo está constituido por el talo, el cual desempeña las funciones de nutrición y reproducción.

Las algas están provistas generalmente de clorofila. Esta se encuentra enmascarada por sustancias colorantes que comunican a las algas su color, siempre distinto del verde. Son de color azul, pardo, amarillo y rojo.

Algunas algas viven en lugares húmedos, pero la mayor parte de ellas vive en el agua, tanto salada como dulce, a profundidades variables, pero inferiores a los cuatrocientos metros. El mar de los Sargazos, en la mitad del Océano Atlántico, está formado por conglomerados de algas que, arrastradas por la corriente del Golfo, se estacionan en una zona de calma.

Hay algas comestibles; en Oriente se consumen grandes cantidades de algas rojas desecadas, que, aunque son escasamente nutritivas, contienen gelatinas que se usan en sopas, confituras y mermeladas. Algunas variedades de algas también se usan como abono, mientras que otras tienen la propiedad de segregar una sustancia que mata las larvas de los mosquitos y que permitirá luchar eficazmente contra estos transmisores de la fiebre amarilla y del paludismo.

(Adaptada de *Curiosidades y ejemplos*, Santiago Hernández Ruiz)

Análisis

Tema

En este caso, la definición no forma parte de una exposición, sino que la exposición es, en sí, una definición extendida. El tema es sencillamente explicar lo que son las algas.

Organización

La exposición anterior consta de cuatro párrafos. Los detalles de su organización se presentan en el siguiente esquema:

Párrafo 1:   Definición: utiliza la técnica de clase + diferenciación.

Párrafo 2:   Extensión de la diferenciación. Las algas no son verde.

Párrafo 3:   Habla de los lugares en donde se encuentran las algas.

Párrafo 4:   Habla de los usos de las algas.

Punto de vista y tono

Aquí el tono es absolutamente neutral. No se alcanza a adivinar la actitud del escritor hacia el tema ni su actitud hacia el lector. Se trata sencillamente de una presentación objetiva hecha en tercera persona.

Aspectos estructurales

La organización del párrafo

Un párrafo consiste en una serie de oraciones relacionadas entre sí y que tratan el mismo tema. El párrafo se considera la unidad básica del escrito. Al dividir una exposición en párrafos, el escritor indica al lector que cada una de estas subdivisiones presenta una idea diferente. Esta división tiene utilidad práctica para el escritor, ya que le obliga a agrupar todas las ideas que tratan de un mismo aspecto del tema y a separar aquéllas que no se relacionan. También es útil para el lector porque le facilita la comprensión de lo que lee.

Un párrafo bien escrito consta de tres características esenciales:

1. Habla de un solo aspecto de un tema general.

2. Expresa en una oración temática la idea principal que se enfoca.

3. Contiene oraciones que desarrollan la idea principal expresada por la oración temática, formando así una unidad coherente.

La oración temática

Las oraciones de un párrafo enfocan o explican la idea principal de éste. Esta idea principal se presenta generalmente en una oración a la cual se le da el nombre de *oración temática*.

En una exposición, la oración temática de cada párrafo habla de un *solo* aspecto del tema general que se comenta. Por ejemplo, si escribiéramos una exposición de varios párrafos que tratara de la estructura de la Comunidad Económica Europea, podríamos organizarla como sigue.

Tesis de la exposición: La Comunidad Económica Europea está formada por cuatro instituciones básicas: la comisíon, el consejo de ministros, el parlamento europeo y el tribunal.

Párrafo 1, Oración temática: La comisión es el cuerpo ejecutivo de la Comunidad y tiene dos funciones principales.

Párrafo 2, Oración temática: El consejo de ministros complementa la función de la comisión.

Párrafo 3, Oración temática: El parlamento europeo no es un cuerpo legislativo.

Párrafo 4, Oración temática: El tribunal tiene poderes exclusivos.

Cada uno de los párrafos de esta exposición habla de uno de los aspectos que se señalaron en la tesis. La oración temática de cada párrafo se limita a presentar una sola idea; en este caso habla de *una* de las cuatro instituciones de la Comunidad.

Una oración temática, entonces, limita el tema que se va a tratar en un párrafo, y a la vez, permite al lector determinar el contenido del conjunto.

La mayoría de los párrafos empiezan con una oración temática, aunque a veces ésta se expresa en dos o más oraciones. En algunos casos también aparece al final del párrafo como resumen del mismo. Con gran frecuencia, los escritores de mucha experiencia no incluyen una oración temática como tal. Organizan sus párrafos utilizando una *idea* temática, pero no la expresan. En estos casos es posible adivinar cuál sería la oración si se hubiera incluido.

Al escritor de menos experiencia se le recomienda siempre elaborar oraciones temáticas para cada uno de sus párrafos. Así podrá examinar su estructura y determinar la función de cada oración de apoyo.

La unidad en el párrafo

El párrafo debe reflejar una unidad de pensamiento. Es decir, cada una de sus oraciones debe mantener una relación estrecha con la idea principal que se intenta presentar. Esta idea, expresada a través de la oración temática, contiene un resumen de lo que tratará el párrafo en su totalidad.

En el ejemplo que se presenta a continuación se encuentra subrayada la oración temática. Note cómo todas las oraciones contribuyen a desarrollar esta idea principal.

> (1) <u>Hay varias razones por las cuales algunos estudiantes sacan malas calificaciones.</u> (2) Muchos estudiantes simplemente no estudian bastante. (3) Pierden demasiado tiempo en otras actividades y rara vez se acercan a los libros. (4) Algunos, aunque pasan mucho tiempo estudiando, no logran identificar los aspectos importantes de la materia. (5) Ponen demasiado interés en detalles insignificantes. (6) Otros estudiantes no quieren investigar, aprender o estudiar más de lo que se requiere para salir aprobados. (7) No se esfuerzan en sobresalir.

En este párrafo, cada una de las oraciones contribuye a la presentación de la idea principal. Las oraciones 2 y 3 hablan de una de las razones por la cual los estudiantes sacan malas calificaciones: no estudian. Las oraciones 4 y 5 exponen otra razón: la falta de identificación de los aspectos importantes de la materia. Finalmente, las oraciones 6 y 7 presentan una tercera razón: la falta de interés en sobresalir. Cada una de las oraciones de este párrafo enfoca el tema. Se mantiene, pues, una unidad en el párrafo.

El párrafo que sigue no mantiene esta misma unidad. Note que aunque la oración temática indica que se hablará de los diferentes tipos de romances, algunas oraciones se apartan de este tema.

> (1) <u>Hay diferentes tipos de romances españoles.</u> (2) Estos son composiciones poéticas escritas en versos de ocho sílabas con rima asonante. (3) Los romances viejos se dividen en romances históricos, fronterizos y moriscos, y romances caballerescos. (4) Todos éstos se caracterizan por su anonimato y fragmentarismo. (5) Los romances antiguos se relacionan con las crónicas y son producto del siglo XVI. (6) Los romances descienden de las antiguas gestas. (7) Los romances artísticos fueron escritos por poetas de los siglos XVI y XVII.

En este párrafo hay dos oraciones, la 2 y la 6, que no se relacionan con la oración temática. La oración 2 podría ser parte de un párrafo que presentara una definición del romance como tal. La oración 6 lógicamente pertenecería a un párrafo que hablara sobre los orígenes del romance. Para mantener la unidad de este párrafo, sería necesario limitar su contenido a la presentación de los diferentes *tipos* o *clases* de romances.

Antes de comenzar a escribir: Ejercicios

A. ***Trabajo en pequeños grupos.*** Divídanse en grupos de cuatro.

1. Escojan tres de los temas que aparecen a continuación y escriban *cuatro* definiciones para cada uno de ellos. Utilicen una de las cuatro técnicas de desarrollo al escribir cada definición.

Temas:	El nepotismo	El machismo
	La novela	El pánico
	Halloween	La cultura
	El existencialismo	La censura

La agresividad   La ciencia ficción

El liberalismo   El mamífero

2. Lean una o dos de sus definiciones a los otros grupos. Estos identificarán el tipo de técnica que Uds. utilizaron al desarrollar la definición.

3. Entre los temas elegidos por su propio grupo, escojan uno para desarrollarlo como sigue.

     a. Escriban una oración temática.

     b. Anoten ideas que se relacionen con el tema.

     c. Decidan cuáles apoyan la oración temática.

     d. Preparen una lista de ideas de apoyo en el orden en que se usarían al escribir una definición.

B. ***Trabajo en parejas o trabajo de la clase entera***

1. Escriba una oración temática para los siguientes párrafos. Ponga atención a los detalles de apoyo antes de escribirla. Compare su oración con la de su pareja y opine cuál de las dos es la mejor.

     a. _____ . El mayor terminó sus estudios universitarios este año. Siguió el programa de arquitectura durante los últimos tres años y ahora piensa buscar empleo en Texas. La menor también está asistiendo a la universidad, pero todavía le falta un año para terminar. Estudia sicología y tendrá que hacer estudios graduados antes de poder encontrar un buen trabajo. Estoy muy orgulloso de los dos.

     b. _____ .Es posible llorar una hora y reírse a carcajadas en la próxima. Una hora se podrá aprender algo de historia y luego habrá un concierto. Todo esto en su propia casa, sin tener uno que vestirse y salir. ¡Qué más se puede desear!

     c. _____ . Hay volúmenes y volúmenes por todos lados. Hay libros, revistas, periódicos, discos, cintas magnetofónicas y archivos de manuscritos antiguos. No hay tema que uno no pueda investigar. Todo estudiante puede servirse de ella, no sólo para buscar libros, sino para estudiar, y aun para conocer a otros. Si no tienen lo que uno necesita, se lo pueden pedir a otra universidad.

2. Después de leer los párrafos que se dan a continuación, discútanlos haciéndose estas preguntas:

- ¿Está completo el párrafo?
- ¿Tiene unidad? ¿Hay una idea central?
- Si no, ¿qué se pudiera eliminar? ¿Qué ideas se pudieran agregar?
- ¿Se han presentado las ideas en un orden lógico?

     a. El amor no tiene el mismo significado para todos. Hay personas que usan esta palabra sólo para referirse al amor romántico entre dos personas. No puede una vivir sin la otra. También hay quienes extienden el significado hasta incluir la amistad y la caridad. Estos últimos tienen la definición más amplia de todas. Para otros, el amor tiene un significado un poco más extenso: además del amor romántico, incluye el amor familiar.

b. La rosa es una flor que se halla en varios tamaños y colores. Hay rosas tan pequeñas que cuando se abren no miden más de media pulgada. Estas miniaturas son bastante raras. Es difícil cultivarlas. La mayoría de los rosales crecen hasta tres o cuatro pies de alto y sus flores, cuando están abiertas, miden cerca de tres pulgadas. Las rosas más grandes pueden llegar a medir de siete a ocho pulgadas. Lo más notable de una rosa es el color. Varía del blanco hasta un rojo tan obscuro que casi se cree que es negro. La rosa es verdaderamente una de las maravillas de la naturaleza.

c. El curso de sociología trata dos temas importantes. Uno de ellos es la comunidad, la sociedad. Se explica qué es y cómo funciona. Se estudian varias comunidades para poder comprender cuáles son las semejanzas y las diferencias. Es un curso sumamente interesante.

3. Escoja uno de los temas que aparecen a continuación. Trabaje con un compañero siguiendo el proceso que se indica paso por paso. Al terminar, intercambien su trabajo con otro par de estudiantes y comenten el trabajo de ellos.

Temas:

La democracia	La moda
La antropología	El plagio
El ateísmo	La filatelia
El *punk*	Las cruzadas
Los sueños	Las fiestas
La electricidad	

a. Enfoquen el tema usando las técnicas que se estudiaron en el Capítulo 4. El tema enfocado debe incluir una definición como parte de la presentación del mismo.

b. Escriban una tesis.

c. Escojan el lector y el tono con que se le dirigirá el escrito.

d. Escriban una definición utilizando una de las cuatro técnicas presentadas en este capítulo.

e. Escriban una oración temática para cada uno de los párrafos de apoyo y un mínimo de dos detalles que a su vez apoyen la oración temática.

ETAPA DOS: LA REDACCION

Cómo se escribe una definición

Para escribir una definición, así como cualquier otro tipo de exposición, se necesita seleccionar un tema. Al escribir la definición, ya sea sola o como parte de un ensayo más grande, lógicamente debe escogerse una idea, objeto o concepto que se preste para este tipo de presentación. Una definición contesta la pregunta: «¿Qué es?».

Para escribir una exposición cuyo propósito sea definir, siga los siguientes pasos.

1. Seleccione un tema general que pueda tratarse contestando la pregunta: «¿Qué es?».

2. Si es posible, limite el tema para enfocar un solo aspecto. Por ejemplo, si se selecciona como tema general «La computadora», el tema puede limitarse si se decide hablar exclusivamente sobre la microcomputadora.

3. Decida a quién dirigirá su exposición y escoja el tono más apropiado para hacerlo.

4. Escriba una tesis en la cual indique el término o concepto que intenta definir. Por ejemplo, si se va a hablar de la computadora, la tesis podría escribirse así:

> En la actualidad se oye hablar cada vez más de la computadora, de sus asombrosas capacidades y de su ilimitado número de usos y aplicaciones. Sin embargo, esta familiaridad con su uso no parece extenderse a la comprensión de su naturaleza y de lo que *es* una computadora realmente.

5. Escoja una técnica de definición y desarróllela seleccionando todos los detalles posibles para aclarar el concepto definido. Si se escogiera la técnica de clase + diferenciación, la definición podría escribirse así:

> La computadora es una máquina que tiene la capacidad de hacer cálculos numéricos a gran velocidad.

6. Escoja los detalles que han de desarrollar la definición. Estos formarán la base de los párrafos de apoyo. Por ejemplo, partiendo de la definición de la computadora, se pueden seleccionar los siguientes detalles para amplificarla:

   a. La computadora es una máquina electrónica.

   b. La computadora va mucho más allá que una máquina calculadora sencilla.

   Cada uno de estos detalles puede servir como oración temática de los párrafos de apoyo.

7. Escriba la definición utilizando el siguiente formato:

   Párrafo 1:   Incluye la tesis, o sea, la identificación del término (o términos) que se va a definir, con alguna indicación de que el propósito del ensayo es la definición del mismo.

   Párrafo 2:   La definición

   Párrafo 3:   Un detalle que desarrolle o amplíe la definición

   Párrafo 4:   Otro detalle

   Párrafo N: Conclusión

Tarea

Escriba la definición de algún concepto que Ud. haya estudiado ya. Este puede ser un concepto literario, un término científico o sociológico, o una idea histórica o filosófica. Siga estas indicaciones:

1. Haga de cuenta que Ud. habla de algo que el lector no conoce.

2. Informe al lector mediante una definición extensa acerca de lo que Ud. desea presentar.

3. Incluya *dos* detalles, que formarán *dos* párrafos de apoyo para ejemplificar su concepto.

Siga este formato en su composición:

1. La identificación de cada una de las partes: párrafo **1**, **2**, etcétera

2. La tesis subrayada e identificada

3. La oración temática de cada párrafo subrayada e identificada

ETAPA TRES: LA REVISION

Primer paso: Revisión de la estructura y de la organización

La organización del escrito en su totalidad
Revise la definición ya escrita mediante las siguientes preguntas.

- ¿Cuál es el tema de mi escrito?
- ¿Cuál es la tesis de mi escrito?
- ¿Presenté la tesis en la introducción?
- ¿Indica la tesis el propósito del escrito?
- ¿Qué intento definir?
- ¿Utilicé una de las cuatro técnicas estudiadas para escribir la definición?
- ¿Qué técnica utilicé?
- ¿Incluí dos detalles de apoyo para ejemplificar el concepto?
- ¿Resume la conclusión brevemente lo dicho?
- ¿Mantuve el mismo tono en todo el escrito?

La organización a nivel del párrafo
Examine cada uno de los párrafos del escrito mediante las siguientes preguntas.

- ¿Contiene cada uno de los párrafos una oración temática?
- ¿Se relacionan directamente todas las demás oraciones con la oración temática?
- ¿Cuántas oraciones contiene cada párrafo?
- ¿Contienen los párrafos oraciones superfluas, es decir, que contribuyan poco a reforzar la idea que expresa la oración temática?
- ¿He eliminado todas las oraciones superfluas?

Segundo paso: Revisión de los aspectos gramaticales

El uso del artículo definido

El artículo definido tiene forma masculina (**el**), femenina (**la**) y neutra (**lo**). Las formas masculinas y femeninas concuerdan en número con el sustantivo que modifican: **el** libro, **los** libros; **la** casa, **las** casas. La excepción a esta concordancia es el uso del artículo masculino singular ante un sustantivo femenino singular que empiece con **a** acentuada.

El águila es bella.   El agua está fría.

Note que el uso del artículo masculino no afecta la concordancia del sustantivo.

El hacha buena vale mucho.   Están en el aula pequeña.

Se usa el artículo femenino cuando el sustantivo es plural: **Las** águilas son bell**as**.

Se emplea el artículo neutro ante el adjetivo, el participio pasivo y el adjetivo posesivo para sustantivarlos (convertirlos en sustantivos).

Lo bueno de esto es que nos permite practicar.	*The good thing about this is that it permits us to practice.*
Lo escrito provee una historia de una época.	*What has been written provides a history of an epoch.*
Todo lo mío es tuyo.	*Everything that is mine is yours.*

Cuando el adjetivo ocurre con el artículo neutro, no demuestra concordancia con el sustantivo a que se refiere.

Deberían de ver lo rojo que se pusieron las niñas.	*You should have seen how red the girls turned.*

Por lo general, el artículo definido se usa más en español que en inglés. Estudie el cuadro a continuación donde se resumen los casos en que se usa o se omite el artículo definido.

EL ARTICULO DEFINIDO: USOS DE MAYOR FRECUENCIA	
Los usos	*Las omisiones*
1. Se usa ante un sustantivo empleado en sentido general.	Se omite cuando se implica *some, any, each* o *many.*
Con **el** dinero no viene **la** felicidad. *Happiness does not come with money.*	Necesito dinero para comprar carne. *I need (some) money to buy (some) meat.*
El ruido me molesta mucho. *Noise (in general) bothers me a lot.*	Siempre hacen ruido cuando juegan. *They always make (some) noise when they play.*

	Se omite después de las preposiciones **de** y **para** en frases que modifican un sustantivo.
	Es un estante **para libros.** *It is a bookcase.*
	La gorra era **de lana.** *The cap was made of wool.*
2. Se usa ante un sustantivo empleado en sentido específico cuando se modifica.	
Pago la matrícula con **el dinero que mis padres** me mandan. *I pay tuition with the money that my parents send me.*	
En **la España medieval** los nobles tenían más poder que el rey. *In medieval Spain the nobles had more power than the king.*	
3. Se usa ante cada sustantivo en una serie.	Se puede omitir el artículo si los sustantivos se refieren a una característica abstracta, o si los sustantivos se consideran una sola entidad.
Pongan **los** libros, **los** papeles y **las** plumas en el suelo. *Put the books, papers, and pens on the floor.*	**La** belleza y talento de la artista impresionó a todos. *The beauty and talent of the artist impressed everyone.*
Visitó **al** hermano y **al** padre de su amigo. *He visited his friend's brother and father.*	
4. Se usa ante los sustantivos que se refieren a las partes del cuerpo y a las prendas de vestir.	Cuando existe una posibilidad de ambigüedad, se usa el adjetivo posesivo.
Miguel tiene **las** manos sucias. *Miguel's hands are dirty.*	Los niños miraron **mis** manos con fascinación. *The children looked at my hands in fascination.*
Tengo frío porque no traje **el** abrigo. *I am cold because I didn't bring my coat.*	**Tu** abrigo está en la silla; el **mío** está en el sofá. *Your coat is on the chair; mine is on the sofa.*
5. Se usa ante los títulos que indican posición social o profesión cuando se habla *de* una persona.	Se omite ante los títulos cuando se le habla *a* una persona.

La señora Morales no tiene hijos.
Mrs. Morales doesn't have any children.

Mi profesor favorito es **el** Dr. Sánchez.
My favorite professor is Dr. Sánchez.

Sra. Morales, ¿cuándo pudiera Ud. venir a cenar?
Mrs. Morales, when could you come to dinner?

Gracias, Dr. Sánchez, por su ayuda.
Thank you, Dr. Sánchez, for your help.

Se omite ante los títulos **don, doña, Santo, Santa** y **San.**

Fuimos a visitar a **don** Miguel.
We went to visit don Miguel.

Santa Clara es la patrona de este pueblo.
Saint Clara is the patron of this town.

---

6. Se usa ante los nombres geográficos (mares, ríos, lagos, océanos, montañas, desiertos, etcétera).

   El Misisipí es larguísimo.
   The Mississippi is very long.

   En la frontera entre los dos países queda **el** lago Titicaca.
   Lake Titicaca is located on the border between the two countries.

Por lo general no se usa con los nombres de países y ciudades. Existe un pequeño número de países cuyos nombres suelen ir acompañados de un artículo definido (la Argentina, el Perú, los Estados Unidos, la China), aunque hoy se usan los artículos cada vez menos, especialmente después de las preposiciones.

Los Estados Unidos y **la** China acaban de normalizar sus relaciones.
The United States and China have just normalized their relations.

Salen **de** Perú y van **para** Estados Unidos.
They are leaving Peru and heading toward the United States.

---

7. Se emplea ante un nombre propio modificado.

   La pequeña Susana viene también.
   Little Susan is coming, too.

   El uso de un artículo ante un nombre propio no modificado connota desprecio hacia esa persona.

   La Susana estuvo por aquí, ¿verdad?
   That Susan was around here, right?

   Se emplea **los** ante el apellido de una familia para referirse a sus miembros.

   Los Anaya ya no viven aquí.
   The Anaya family (the Anayas) no longer live here.

Por lo general se omite ante el nombre propio de una persona.

Susana viene también.
Susana is coming too.

8. Se usa ante los nombres de las lenguas.

Pedro no comprende **el** griego.
Peter does not understand Greek.

Habla muy bien **el** francés.
She speaks French very well.

Se omite cuando el nombre ocurre directamente después de las formas de **hablar, escribir, enseñar** y **aprender,** o después de las preposiciones **de, en** y **a.**

Ese profesor enseña griego.
That professor teaches Greek.

El libro está escrito en francés.
The book is written in French.

9. Se usa ante los nombres de los días de la semana, las estaciones del año y las expresiones para dar la hora.

El domingo es el primer día de la semana.
Sunday is the first day of the week.

El otoño es mi estación favorita.
Fall is my favorite season.

Son **las** tres y media, ¿verdad?
It's three-thirty, right?

Se omite cuando el nombre viene después de una forma de **ser** si no se modifica ni se habla de cuándo tiene lugar un evento.

Si hoy es domingo, mañana será lunes.
If today is Sunday, then tomorrow must be Monday.

Pero:

Hoy es **el** último domingo del mes.
Today is the last Sunday in the month.

El examen es **el** martes.
The test is on Tuesday.

Se omite ante los nombres de los meses.

Octubre y noviembre son meses del otoño.
October and November are fall months.

10. Se usa ante los sustantivos de peso y medida.

Las manzanas están a $0,69 **la** libra.
Apples are 69¢ a pound.

Mi tía compró esa tela a $7,99 **la** yarda.
My aunt bought that fabric at $7.99 a yard.

Se omite cuando se refiere a una cantidad general, no específica.

Venden las manzanas por libra.
They sell apples by the pound.

Mi tía compra telas por yarda.
My aunt buys fabric by the yard.

11. Se usa en frases con **a, de, en** + **clase, casa, misa** si el sustantivo se modifica o si se refiere a una clase, casa o misa específica.

Va a **la** misa **de las siete.**
She's going to the seven o'clock Mass.

El profesor está **en la clase.**
The professor is in the class. (A specific class has been mentioned previously.)

Los niños están jugando **en la casa.**
The children are playing in the house. (A specific house is being indicated.)

En general se omite en frases con **a, de, en** + **clase, casa, misa.**

Va a clase.
She's going to class.

Viene de casa.
He's coming from home.

Están en misa.
They're at Mass.

Ejercicios

A. Agregue el artículo definido donde haga falta en las oraciones que siguen.

1. _____ perros son buenos compañeros para _____ niños.
2. Ella creía que _____ matrimonio ofrecía más seguridad.
3. En _____ inglés no hay tal palabra.
4. Mis tíos iban a visitar a _____ García.
5. Hay que cruzar _____ Atlántico para llegar a _____ Europa desde aquí.
6. ¿Dónde dejaste _____ sombrero?
7. _____ Sr. Montaño, ¿piensa Ud. que _____ agricultura puede resolver _____ problema de _____ hambre?
8. ¡Qué bien hablan ellos _____ japonés!
9. Ayer fue _____ sábado más frío del año.
10. Me parece que _____ profesor Miranda siempre espera _____ mejor de sus estudiantes.
11. ¿Es la fiesta _____ martes?
12. _____ gastado no se puede recobrar.
13. Siempre le duele _____ cabeza cuando hay mucha humedad.
14. Ese vapor se pasea por _____ mar Mediterráneo.
15. Todos podemos contar con _____ muerte.
16. ¿Quiere Ud. _____ helado?
17. _____ domingos, siempre va a _____ misa.
18. _____ español, _____ francés y _____ italiano son lenguas romances.
19. _____ petróleo se agotará más rápido que _____ energía solar.
20. En _____ países trópicales, _____ ropa suele ser de _____ algodón.

B. Lea los párrafos que siguen y note las palabras subrayadas. Indique por qué se ha usado o se ha omitido el artículo definido.

1. Los[1] Gómez llegaron el[2] lunes. Habían viajado por muchos días. Fueron a[3] California para visitar las misiones. Siempre les ha interesado lo[4] religioso y en este viaje aprendieron muchísimo. Los[5] señores Lucero los acompañaron. Pasaron tantos días en el camino que les dolía la[6] espalda cuando volvieron a[7] casa. Los[8] viajes pueden causar[9] problemas a los[10] viejos.

2. Era[1] viernes y el[2] profesor Gonzales había preparado el[3] examen semanal. Cuando llegó al[4] aula vio que no había nadie en[5] clase. Se enojó un poco porque creía que los estudiantes llegarían tarde. «Los[6] estudiantes siempre tienen miedo de las[7] pruebas», él pensó para sí. Entonces miró su[8] reloj y se dio cuenta de que eran solamente las[9] nueve y media. Su clase

no empezaría hasta dentro de dos horas. Decidió volver a[10] casa a leer el periódico y a tomarse otra taza de[11] café.

C. Escriba una oración con cada grupo de palabras, haciendo los cambios y las adiciones que sean necesarios. No cambie el orden de las palabras.

1. leche, ser/estar, bueno, para, salud
2. caballo, llegar, Nuevo Mundo, con, españoles
3. gustar, comer, maíz, en, verano
4. hermano, tener, pantalones, sucio
5. Sr. Fernández, venir, en, avión, de cinco
6. río Amazonas, pasar por, selva, brasileña
7. estudiar, ruso, en, universidad
8. libro, ser/estar, escrito, en, español, de, siglo XIV
9. baile, ser/estar, próximo, sábado
10. cerezas, ser/estar, a, 99¢, libra

El uso del artículo indefinido

El artículo indefinido tiene una forma masculina (**un**) y una femenina (**una**); ambas concuerdan en número con el sustantivo que modifican: **un libro, unos libros; una casa, unas casas.** La excepción a esta concordancia es el uso del artículo masculino singular ante un sustantivo femenino que empiece con **a** acentuada: **Vieron un águila enorme.**

Note que el uso del artículo masculino no afecta la concordancia del adjetivo: **un hacha nueva.**

Se usa el artículo femenino cuando el sustantivo es plural: **unas águilas enormes.**

Por lo general, el artículo indefinido se usa más en inglés que en español. Estudie el cuadro a continuación donde se resumen los casos en que se usa o se omite el artículo indefinido.

EL ARTICULO INDEFINIDO: USOS DE MAYOR FRECUENCIA	
Los usos	*Las omisiones*
1. Se usa para referirse a entidades no específicas. Hay **una** mujer en la sala. *There is a woman in the room.* Debes comprar **un** diccionario. *You should buy a dictionary.*	
2. Por lo general, se usa ante un sustantivo modificado. Es **un** médico famoso. *He is a famous doctor.* ¿Tienes **un** reloj nuevo? *Do you have a new watch?*	Se omite ante los nombres de profesión, ocupación, religión, y nacionalidad. Ella es médica; es católica; es norte-americana. *She is a doctor; she is Catholic; she is an American.*

3. Se usa para expresar el concepto de **número**.	Se omite después de los verbos **tener, buscar, encontrar** y **haber** si no se modifica el sustantivo, ni se implica el concepto de número.
¡Apresúrense! Sólo nos queda **una** hora. *Hurry up! We only have one hour left.*	Buscan casa. *They are looking for a house.*
¿Tiene Ud. **una** reunión mañana? *Do you have a (single) meeting tomorrow?*	¿Tiene Ud. reloj? *Do you have a watch?*
Se usa la forma plural para expresar la idea de *some, a few, several*.	¿Hay solución? *Is there a solution?*
En la mesa había **unos** libros viejos. *On the table were several old books.*	
4. Se usa después de **sin, con** y en las expresiones negativas cuando se quiere dar énfasis al concepto de número.	Se omite después de **sin, con** y en construcciones negativas.
No tiene ni **un** solo amigo. *He doesn't have a single friend.*	Vino sin abrigo; salió con paraguas. *He came without a coat; he left with an umbrella.*
No han dicho ni **una** palabra. *They haven't said one word.*	No han dicho palabra. *They haven't said a word.*
5.	Se omite antes de cualquier forma de **otro** o **cierto** y antes de **mil, cien/ciento** y **medio**.
	Necesito **otro** bolígrafo; éste ya no funciona. *I need another pen; this one is no longer working.*
	Hay **cierto** número de personas que nunca viene. *There is a certain number of people who never come.*
	Puede que vengan **mil** o **cien**. *Perhaps a thousand or a hundred will come.*
	Se omite después de **tal**, y **qué** en exclamaciones.
	No sé lo que haría si **tal** cosa me ocurriera. *I don't know what I would do if such a thing happened to me.*
	¡**Qué** fiesta! *What a party!*

Ejercicios

A. Decida si se necesita un artículo indefinido en los siguientes casos y complete la oración con la forma correcta.

1. ¡Qué _____ músico! Tiene _____ talento enorme.

2. ¿Hay _____ problemas? ¿No tienen Uds. ni _____ pregunta?

3. Mi padre es _____ dentista; mi madre es _____ contadora.

4. Sin _____ corbata, no le podemos servir.

5. Yo creo que podríamos aprender más con _____ otro libro.

6. No hay _____ persona que lo entienda.

7. El lago es todavía puro; tiene _____ agua cristalina.

8. Hay _____ estudiante que habla tal _____ lengua en nuestra clase.

9. No hubo _____ manera de hacerle cambiar de opinión, aunque se lo dijimos _____ mil veces.

10. Hay _____ otra cosa que me molesta mucho: ¡el fumar!

B. Exprese en español.

1. Do you have a brother?

2. She is a Democrat; her husband is a Republican.

3. Mr. Molina is a very good teacher.

4. They didn't understand a word. Without an interpreter, they were lost.

5. I don't have a single cent.

6. What a bargain! I just paid $100 for a Picasso!

7. They are looking for a secretary. They need a person who understands computers.

8. A tractor is another thing we need; a lot of things are easy with a tractor.

Corrección de pruebas

Examine cuidadosamente el siguiente pasaje. Analice las construcciones subrayadas y haga los cambios que sean necesarios en los casos en que se hayan usado mal los artículos definidos e indefinidos.

Dislexia, en cinco preguntas

¿Qué es dislexia? Es un trastorno persistente de aprendizaje de lectura y de ortografía que ocurre, sin una razón aparente, en ciertos escolares. Esta limitación no tiene nada que ver con la debilidad mental. La mayor parte de disléxicos tienen un coeficiente intelectual absolutamente normal.

¿A qué edad se puede saber si un niño es disléxico? A fines del primer año de escuela primaria. Es decir, entre los siete y los siete años y un medio. Pero conviene ser muy prudente en el diagnóstico, porque aunque muchos niños se retrasan en aprender a leer, no son siempre disléxicos. Las interrupciones de escolaridad, las enfermedades, los cambios de vivienda, la enseñanza inadecuada y muchas otras razones pueden causar retraso escolar.

¿En qué se reconoce a un niño disléxico? En su lectura y su ortografía anárquicas. Su ineptitud para la lectura puede manifestarse por diversas faltas elementales como:

1. Una confusión de las letras de formas parecidas: *n* y *u*, *p* y *b*, *t* y *f*, *alubia* por *rubia*
2. La omisión de letras o de sílabas, por ejemplo, *peón* por *campeón*

Aplique estas mismas técnicas a la revisión del borrador de su propio escrito.

Tercer paso: Revisión de aspectos gramaticales estudiados en capítulos anteriores

Después de revisar los usos del artículo definido, también revise:

- El uso de **ser** y **estar**
- El uso del pretérito y del imperfecto
- El uso de la voz pasiva, la voz pasiva refleja con **ser** y la construcción pasiva impersonal

Cuarto paso: Revisión de la ortografía

Después de revisar los aspectos gramaticales estudiados, repase lo escrito, buscando los errores de acentuación y de ortografía.

Quinto paso: Redacción de la versión final

Escriba una versión final de su trabajo ya con las correcciones y los cambios necesarios.

Capítulo 6: Síntesis

ETAPA UNO: ANTES DE REDACTAR

La exposición que contiene una definición

Con gran frecuencia se utiliza la definición dentro de una exposición que *no* tiene como propósito principal el definir. En estos casos, la definición se incluye sólo como una parte de la exposición en su totalidad. Por ejemplo, si intentáramos escribir una exposición sobre el teatro español, pudiera parecernos muy útil empezar la exposición con una definición del concepto de teatro en general, para luego hablar a continuación del desarrollo histórico de éste en España o de las características del género en la Península Ibérica. En este caso, la definición del concepto *teatro* serviría como introducción al tema.

Cuando la definición se usa dentro de una exposición, se utiliza una de las cuatro técnicas explicadas anteriormente: *clase + diferenciación, ilustración, sinónimos o etimología*. Se escoge la técnica para el desarrollo tomando en cuenta tanto el concepto que se va a definir como el lector a quien va dirigida la exposición.

Vocabulario útil

Las palabras y expresiones que sirven para marcar transiciones son de varios tipos. Hay transiciones que ayudan a establecer las relaciones entre las ideas; es decir, marcan contrastes o introducen semejanzas. En el Capítulo 8 se incluyen en la lista del *Vocabulario útil* varias expresiones de este tipo. En este capítulo se incluyen algunas transiciones que sólo sirven para suavizar el paso entre una idea o punto y el próximo sin comparar o contrastar las ideas.

VOCABULARIO PARA MARCAR TRANSICIONES	
a su vez, por su parte	por ejemplo
así, de ese modo	por eso
aún, todavía	por lo general, generalmente
aunque, si bien	por suerte, por fortuna, afortunadamente
cada vez más (menos) + *adjetivo*	
en buena medida, en gran parte	primero…, segundo…
para empezar (terminar)	quizás, a lo mejor
pero	sino (que)
por ahora, por el momento	también/tampoco
por desgracia, desgraciadamente, desafortunadamente	una…, otra
	ya que, puesto que

La exposición con definición: Modelo y análisis

En el modelo que aparece a continuación, se han indicado a la izquierda las partes principales de la organización.

Modelo

La enseñanza de la lectura

Párrafo 1:
Introducción
Definición

La lectura puede definirse como aquella actividad humana que tiene como objeto la extracción del significado de un texto escrito. Al leer, el lector extrae el significado de los símbolos escritos; es decir, comprende el sentido de lo que representan. Sin comprensión, no puede decirse que

Tesis:

se ha llevado a cabo el proceso de la lectura. Desafortunadamente, hoy en día, la mala interpretación de lo que significa *leer* ha afectado la forma en que se enseña a leer tanto a los niños en su primera lengua como a los alumnos de lengua extranjera.

Párrafo 2:
Oración
temática

En el caso de la enseñanza de la lectura a los niños, el error más común que comete el maestro es creer que la lectura consiste en pronunciar en voz alta ciertas combinaciones de sonidos. En la mayoría de los casos, esto hace que el alumno trabaje con palabras aisladas y no con textos que verdaderamente tienen significado. Se le enseña al niño que ciertos símbolos grafémicos tienen un valor definitivo: la letra *a* se pronuncia como [a], etcétera; y cuando éste puede relacionar las letras con los sonidos se dice que ya sabe leer. No se consideran las limitaciones que esta estrategia le impone, pues al tratar de leer un texto palabra por palabra, el significado de la lectura en su totalidad se le escapará.

Párrafo 3:
Oración
temática

La enseñanza de la lectura en una lengua extranjera también refleja una mala interpretación del proceso de la lectura. Aunque generalmente el estudiante de lengua extranjera es un lector maduro que ya ha logrado adquirir práctica en extraer el significado de textos de diferentes tipos en su primera lengua, se usa con él el mismo método que se utiliza con los niños. En este caso también parece considerarse la lectura un proceso que consiste en leer en voz alta. Para muchos profesores de lengua extranjera, leer significa pronunciar correctamente lo que se lee. En un gran número de cursos de lengua extranjera, el profesor utiliza la lectura sólo para corregir la pronunciación de los estudiantes. Rara vez se le da al alumno la oportunidad de practicar la lectura en silencio y de descubrir así en el contexto el significado de ciertas palabras desconocidas. Con gran frecuencia, el estudiante de lengua extranjera sólo logra leer palabra por palabra; por eso concluye que leer es traducir.

Párrafo 4:
Conclusión   Los métodos que hoy se utilizan para la enseñanza de la lectura se basan en la interpretación de lo que se cree que este proceso significa. Para poder cambiar estos métodos—es obvio que necesitan cambiarse ya que parecen haber tenido un éxito limitado—es necesario educar tanto al público como al personal educativo sobre el verdadero significado de la lectura.

Análisis

Tema

Esta exposición describe la relación entre la interpretación que se da a cierto concepto y la manera en que tal concepción afecta a otros. Específicamente, explora las consecuencias que tiene para la enseñanza de la lectura el partir de una interpretación inexacta de lo que significa ese proceso. Por la importancia que tiene la definición del proceso de la lectura, se incluye una definición breve en la introducción misma.

Organización

La organización general de esta exposición sigue el patrón que se estableció en el Capítulo 5, la cual se puede esquematizar de la siguiente manera:

Párrafo 1:   I. Introducción
         A. *Definición:* Utiliza la técnica del sinónimo: la lectura = actividad humana, leer = extraer el significado de los símbolos escritos.
         B. *Tesis:* Desafortunadamente, hoy en día, la mala interpretación de lo que significa leer ha afectado la forma en que se enseña a leer tanto a los niños en su primera lengua como a los alumnos de lengua extranjera.

Párrafo 2:   II. Efectos en la enseñanza de la lectura a los niños. *Oración temática:* el error más común... de sonidos.

Párrafo 3:   III. Efectos en la enseñanza de la lectura en una lengua extranjera. *Oración temática:* La enseñanza... de la lectura.

Párrafo 4:   IV. Conclusión
         A. *Resumen:* Los métodos... significa.
         B. *Comentario personal del autor:* es obvio que... el verdadero significado de la lectura.

Tono

El tono de esta exposición refleja claramente la opinión del autor con respecto al tema que presenta. Este escoge una postura filosófica en cuanto a la enseñanza de la lectura (cree que no ha tenido gran éxito), y presenta una posible explicación de las causas. Utiliza un tono autoritario que sugiere que conoce a fondo el tema que discute. Aunque en ningún momento respalda sus opiniones, las presenta como si fueran hechos.

Aspectos estilísticos

En esta exposición, el autor no mantiene un tono neutral con relación al tema que presenta; al contrario, expresa su opinión personal desde un principio y logra hacer una crítica fuerte de la enseñanza de la lectura. La presentación de la opinión personal aquí es de especial interés ya que se refleja en el tono que se utiliza desde el principio. Como queda demostrado, para presentar una opinión no es necesario decir «yo pienso que» o «en mi opinión»; basta escoger ciertos detalles y presentarlos de manera que provoquen en el lector la reacción que el escritor desea.

Para lograr que un lector forme una opinión negativa de un tema, el autor no necesita decir «ésta es una actitud tonta». Puede influir en el lector escogiendo con cuidado el vocabulario que utiliza, la forma en que expresa los hechos y el orden en que los presenta. La siguiente comparación entre lo que es una actitud neutral y la actitud subjetiva del autor del ejemplo anterior ilustra las diferentes estrategias que se pueden utilizar al presentar una opinión.

ACTITUD OBJETIVA NEUTRAL	ACTITUD SUBJETIVA DEL AUTOR
La interpretación de lo que es leer ha afectado…	Desafortunadamente… la mala interpretación de lo que significa leer…
En el caso de la enseñanza de la lectura a los niños, es común creer que…	En el caso de la enseñanza de la lectura a los niños, el error más común…
Esta estrategia lo lleva, cuando se trata de leer un texto entero, a leerlo palabra por palabra.	No se consideran las limitaciones… palabra por palabra, el significado de la lectura en su totalidad se le escapará.
La enseñanza de la lectura en una lengua extranjera también parte de la teoría que se tiene de la lectura.	…también refleja una mala interpretación del proceso de la lectura.
Aunque es un lector con práctica en leer textos en su lengua nativa, empieza por lo elemental en la extranjera.	…se usa con él el mismo método que se utiliza con los niños.
Con gran frecuencia, el estudiante de lengua extranjera lee palabra por palabra; para él leer equivale a traducir.	Con gran frecuencia… sólo logra leer…

Aspectos estructurales

La introducción

El primer párrafo de una exposición tiene como propósito informar al lector sobre lo que leerá a continuación. Pretende captar su interés o limitar el tema indicando qué dirección tomará la exposición.

Con frecuencia se emplean dos tipos de introducción. El primer tipo sencillamente revela lo que será el tema general de la exposición. Tiene dos propósitos:

1. Presentar en términos generales el tema de la exposición

2. Incluir en la última oración la tesis de la exposición, que se apoyará en cada uno de los párrafos del texto

Este tipo de introducción con gran frecuencia utiliza una estructura que puede representarse mediante un triángulo invertido.

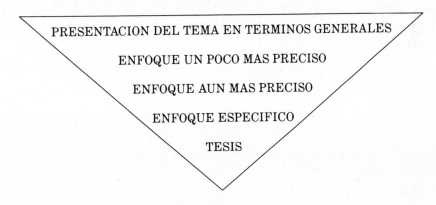

En la siguiente introducción se ve claramente esta estructura.

El uso de los narcóticos ha aumentado en grandes proporciones en el mundo entero. Su consumo, que hasta hace solamente unas cuantas décadas era característico de los medios criminales o de ciertos grupos marginales, es hoy en día común entre la llamada «gente decente». Más alarmante aún es el hecho de que su uso se ha generalizado también entre la juventud. Se sabe que el tráfico de drogas existe en forma activa entre jovencitos de 11 a 13 años de edad. Los problemas que encuentran estos niños se empiezan a estudiar hoy con detenimiento y ya se ha logrado una mejor comprensión de las causas de su dependencia de las drogas y de las posibles soluciones que pueden tener tales problemas.

Este tipo de introducción a menudo enumera brevemente los puntos principales en que se va a apoyar la tesis.

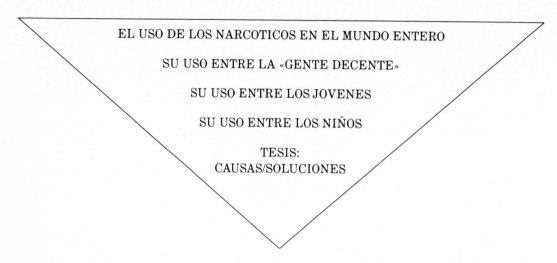

EL USO DE LOS NARCOTICOS EN EL MUNDO ENTERO

SU USO ENTRE LA «GENTE DECENTE»

SU USO ENTRE LOS JOVENES

SU USO ENTRE LOS NIÑOS

TESIS:
CAUSAS/SOLUCIONES

El segundo tipo de introducción, al que se le ha dado el nombre de «gancho», es un poco más complejo. El propósito fundamental del gancho es llamar la atención del lector neutral a quien quizás poco le interesa el tema. Para lograr este propósito se usan en el gancho diferentes estrategias. Por ejemplo:

1. Se puede empezar con una pregunta.

¿Será posible que todavía haya personas que crean en la honradez del ser humano?

2. Puede utilizarse la definición de algo muy conocido que luego servirá para establecer un contraste humorístico.

El automóvil es un vehículo que sirve como medio de transporte. ¡Qué error comete el ingenuo que todavía cree en esto!

3. Puede utilizarse un ejemplo que incluya una narración.

Margarita llegó a su casa a las seis y media después del trabajo. Pasó por sus niños a la guardería y ahora comienza a preparar la cena. Después arreglará la ropa de todos para el siguiente día y limpiará un poco la casa. A las diez de la noche, se encontrará cansadísima. Como ésta es la vida de un gran número de madres que viven solas, separadas del marido y sin el apoyo de parientes cercanos. Los problemas de estas madres y de sus hijos son cada día más graves.

4. Puede utilizarse una descripción.

5. Puede utilizarse una definición extendida.

Aunque algunas de estas estrategias son más comunes que otras, todas pueden usarse con éxito. Su uso depende solamente del propósito del escritor y, sobre todo, de la clase de lector a quien se dirige.

La introducción, entonces, es un párrafo que permite al escritor poner un marco alrededor de su tema, es decir, explicar a qué se refiere, por qué viene al caso, por qué es de interés. Le permite también despertar el interés del lector en alguna forma especial. La introducción es también útil para el lector porque le ofrece una idea preliminar del contenido de lo que leerá. Una introducción bien hecha pasa casi desapercibida. Logra su función sin que se note su presencia dentro del conjunto de la exposición.

Al escribir una introducción es importante planear de antemano la estrategia que se empleará, tanto para interesar al lector como para hacerle saber qué aspectos van a tratarse en la exposición. Ciertas introducciones, como las que se incluyen a continuación, deben evitarse:

- En esta composición voy a hablar de... porque me parece muy interesante.
- Quiero hablar aquí de...
- Una cosa que quiero decir sobre... es...
- El propósito de esta composición es...

Las transiciones

Aunque en una exposición bien estructurada cada uno de los párrafos se relaciona con los demás, ya que todos desarrollan o apoyan la idea principal expresada en la tesis, es necesario facilitarle al lector el paso de un párrafo a otro. Una transición es sencillamente una señal que indica al lector que se cambia de tema o que se pasa a otro asunto.

En la mayoría de los casos, las transiciones que se usan para ligar el contenido de un párrafo con lo que le precede son palabras o frases de transición. Por ejemplo, si habláramos de las causas de la delincuencia, las frases de transición podrían ser

- **La primera** causa...
- **Otra** causa importante...
- **También** actúa como factor decisivo...

El propósito es simplemente dejar saber al lector que se pasa a hablar de la siguiente causa y luego de la que le sigue.

En algunos casos, una frase u oración de transición no es suficiente y es necesario incluir un párrafo de transición. Aquí también el propósito de su inclusión es formar un puente entre los conceptos ya tratados y el concepto que les sigue. A veces, un párrafo de este tipo puede explicar por qué se pasará a examinar otro aspecto.

La conclusión

Una conclusión bien escrita consiste en un párrafo conciso que apoya la idea principal y deja saber al lector que se ha dado fin a la discusión. Hay varias estrategias que pueden utilizarse para escribir conclusiones.

1. *Se puede hacer un resumen de los aspectos principales.* Este tipo de conclusión se presta especialmente para las exposiciones largas.
2. *Se puede ofrecer una opinión.* En estos casos el escritor evalúa los hechos expuestos y llega a emitir un juicio que comparte con sus lectores sobre lo que ha presentado.
3. *Se puede recomendar una acción.*

4. *Se puede repetir la idea principal presentada en la tesis.*

5. *Se puede comentar sobre las implicaciones que tienen las ideas que se han presentado.*

6. *Se pueden reiterar las ideas, tono, etcétera, de la introducción para darle unidad a lo escrito.*

Como en el caso de la introducción, el contenido de la conclusión dependerá del propósito específico del escritor y de la clase de lector a quien se dirige. Al llegar a este punto, lo importante es dar a entender a éste que se ha terminado, dejándolo al mismo tiempo con la impresión final que desee dejar en él el autor.

Antes de comenzar a escribir: Ejercicios

A. **La identificación de párrafos introductorios.** Lea los párrafos a continuación e indique cuáles de ellos son introducciones y cuáles no lo son. Explique por qué en cada caso.

1. La danza es una de las bellas artes que se expresa mediante el movimiento del cuerpo humano. Se desarrolló en sus orígenes prehistóricos como una práctica de la magia. Al organizarse el culto religioso se convierte en un rito o danza ritual.

(de *Cultura y espíritu,* Santiago Hernández Ruiz et al.)

2. Conocida desde la prehistoria, dejó en esta edad creaciones de alto valor estético en cuevas y yacimientos arqueológicos, como las representaciones animalísticas de las Cuevas de Altamira. En estos tiempos la pintura no se hizo con un afán estético de expresión, sino como un medio mágico relacionado con la necesidad de matar al animal enemigo y nutricio.

(de *Cultura y espíritu,* Santiago Hernández Ruiz et al.)

3. En Egipto aparece la escultura sepulcral y religiosa como elemento dominante de la propia vida. En Asiria las figuras humanas y de animales son concebidas con un realismo extremado y muestran un concepto nuevo del arte.

(de *Cultura y espíritu,* Santiago Hernández Ruiz et al.)

4. El arte es un medio de comunicación del hombre con sus semejantes, creado por la imaginación. También puede definirse como la expresión de la emotividad creadora. Abarca todas las esferas de la actividad humana, desde la artesanía hasta la industria y desde la religión hasta la pedagogía.

(de *Cultura y espíritu,* Santiago Hernández Ruiz et al.)

B. **La identificación de transiciones.** Lea lo escrito a continuación y subraye las transiciones.

Recientemente ha habido gran discusión en los EEUU acerca de la restricción del uso de revólveres. Parece haber dos grupos principales de interesados: el que se opone a la restricción y el que la apoya. Cada grupo dedica mucho tiempo y mucha energía a hacer propaganda para convencer al público de que su posición es válida.

El primer grupo, el que se opone, hace notar que a los ciudadanos de este país se les garantiza el derecho de portar armas para protergerse. Esta garantía se halla en la Constitución de los Estados Unidos. También observa que si se abroga este derecho, sólo los criminales tendrán armas.

Por su parte, el segundo grupo prefiere señalar el gran número de muertes que resultan como consecuencia del uso de revólveres. Implica que el número de homicidios disminuirá si el ciudadano medio no tiene este derecho de portar armas. Se da a entender que como habrá menos revólveres habrá menos asesinatos.

Aún continúa la discusión en el Congreso, y el público tiene que decidir a qué facción aliarse. Es una decisión difícil. ¿Cede el público un derecho básico con la esperanza de reducir el número de revólveres y luego el número de muertes? ¿O mantiene sus derechos y corre el riesgo de ser víctima de un bandido con revólver?

C. *Trabajo en pequeños grupos*

1. Divídanse en cuatro grupos. Dos grupos escogerán uno de los párrafos que siguen. Un grupo volverá a escribir el párrafo *a.* desde un punto de vista positivo. El otro lo escribirá desde un punto de vista negativo. Los otros dos grupos harán lo mismo con el párrafo *b.*

a. Se dice que el fútbol tiene más aficionados que otros deportes. Es un deporte que se juega en la mayoría de los países del mundo. Los jugadores profesionales ganan mucho dinero y mucha fama, y cada país o ciudad que tiene una liga compite por los mejores jugadores. Cada cuatro años hay una competencia internacional que se llama la Mundial. En la Mundial los jugadores vuelven a competir por sus respectivas patrias y no por los equipos profesionales a que pertenecen. Se observa mucho fervor nacionalista. En la última competencia mundial, Italia ganó el campeonato.

b. El gobierno federal ha declarado que todo joven nacido después de enero de 1960 tiene que alistarse para la conscripción militar. Los representantes del gobierno dicen que este alistamiento no es la conscripción misma sino sólo una manera de saber dónde están los jóvenes elegibles. La mayoría de los jóvenes de esta categoría lo han hecho. Es posible que algunos no se hayan alistado por no estar de acuerdo con esta declaración. El gobierno espera que todos decidan hacer voluntariamente lo que se les pide para evitar la intervención de la ley.

2. Júntense los dos grupos que escribieron sobre el mismo tema para compartir su trabajo y comentar sobre los nuevos párrafos. Se deben subrayar las palabras y frases que se han usado para crear la impresión positiva o negativa del párrafo.

3. Divídanse en grupos de tres o cuatro y sigan los pasos mencionados a continuación.

   a. Escojan uno de los siguientes temas, enfóquenlo y escriban una tesis.

   b. Escojan el lector y el tono que emplearán al dirigirse al lector.

   c. Escriban una definición, usando una de las cuatro técnicas del Capítulo 5.

   d. Escriban una oración temática para cada párrafo de apoyo.

   e. Escriban la introducción y la conclusión para su ensayo.

Temas:	Las librerías	La astrología
	La radio	El maratón
	La basura	El mito

f.　Presenten su introducción o su conclusión a la clase entera. Identifiquen las estrategias que se han usado para captar el interés del lector o para dejarle saber que se ha dado fin a la exposición. ¿Han tenido éxito?

ETAPA DOS: LA REDACCION

Cómo se escribe una exposición con definición

Para escribir una exposición que contenga una definición se necesita escoger un tema que requiera el uso de la definición. Luego, es necesario decidir qué función tendrá la definición en la discusión total del tema. En algunos casos, como en el modelo que se ha incluido en este capítulo, la definición puede formar parte de la introducción. En otros casos, la definición se utiliza en uno de los párrafos de apoyo y funciona como uno de los aspectos que se presentan.

Por lo común, jamás es el propósito de un escritor «escribir una exposición que contenga una definición». Empieza a escribir sobre un tema después de haber enfocado la tesis e incluye la definición si la considera indispensable para el desarrollo de su tema. La definición es, entonces, una técnica conocida que se puede o no incluir según sea el enfoque de la exposición.

Tarea

Escriba una exposición que contenga una definición sobre algún tema literario, histórico, sociológico o psicológico que Ud. haya estudiado en alguna clase. Si escribe sobre una obra literaria, por ejemplo, puede seguir el esquema estructural que aquí se presenta.

Don Gil de las calzas verdes, por Tirso de Molina

Tesis:	*Don Gil de las calzas verdes* es una comedia típica del Siglo de Oro.
Párrafo 1: *Introducción*	1. *Definición:* ¿Qué es la comedia del Siglo de Oro español? 　　a. estructura 　　b. personajes 　　c. versificación 　　d. temática
	2. *Tesis: Don Gil de las calzas verdes* es una comedia típica del Siglo de Oro.
Párrafo 2:	La estructura de *Don Gil* sigue las pautas establecidas para la comedia del Siglo de Oro.
Párrafo 3:	Los personajes de *Don Gil...*
Párrafo 4:	La versificación de *Don Gil...*
Párrafo 5:	La temática de *Don Gil...*
Conclusión:	Reiteración de los puntos importantes.

Antes de escribir, repase los apuntes tomados en clase. Escoja un concepto sobre el cual ya sepa bastante. Siga el siguiente formato en su composición.

1. La identificación de cada una de las partes: párrafo *1*, *2*, etcétera

2. La definición identificada

3. La tesis subrayada e identificada

4. Las oraciones temáticas subrayadas e identificadas

ETAPA TRES: LA REVISION

El siguiente proceso puede aplicarse tanto al escrito de un compañero como a su propia composición.

RESUMEN: CONTENIDO Y ORGANIZACION

A. *Tema, tesis y definición*

- ¿Escribió Ud. una exposición que contiene una definición?
- ¿Cuál es el tema general (antes de haberlo enfocado) de su exposición?
- ¿Cuál es el tema enfocado?
- ¿Qué preguntas de enfoque se hizo Ud. para limitar el tema?
- ¿Cuál es la tesis de su exposición?
- ¿Qué pregunta contesta la tesis?
- ¿Cómo se relaciona la definición incluida con la tesis?
- ¿Cuál de las cuatro técnicas utilizó Ud. para desarrollar la definición?

B. *Introducción, transiciones y conclusión*

- ¿Contiene una introducción este escrito?
- ¿Cuántas oraciones contiene?
- ¿Cuál de los dos tipos de introducción utilizó?
- ¿Qué información contiene? (¿definición? ¿tesis?)
- ¿Prestó Ud. atención a las transiciones entre párrafos?
- ¿Contiene una conclusión su exposición?
  - ¿Qué estrategia utilizó en esta conclusión? (¿resumen? ¿opinión?)
  - ¿Cuál es el propósito de esta conclusión?

C. *La estructura de los párrafos*

- ¿Expresa cada uno de los párrafos una idea o aspecto diferente del tema?
- ¿Ha subrayado Ud. la oración temática de cada párrafo?
- ¿Ha eliminado todas las oraciones superfluas?

D. *Tono y estilo*

- ¿Refleja el tono de su exposición a quien va dirigida?
- ¿Qué estrategias utilizó Ud. para mantener la formalidad que requiere una exposición?
- ¿Refleja el tono de su exposición su actitud hacia el tema que ha presentado?
- ¿Ha mantenido el mismo tono en toda la exposición?

RESUMEN: ASPECTOS GRAMATICALES Y ORTOGRAFICOS

A. *El uso de **ser** y **estar***

- ¿Ha analizado Ud. todos los usos de **ser** y **estar** que se encuentran en su composición?

B. *El uso del pretérito, del imperfecto y del imperfecto progresivo*

- ¿Ha analizado Ud. todos los usos del pretérito, del imperfecto y del imperfecto progresivo que se encuentran en su composición?

C. *El uso de la voz pasiva con **ser**, la pasiva refleja y la pasiva impersonal*

- ¿Ha analizado todos los usos de la voz pasiva con **ser** que se encuentran en su composición?
- ¿Ha analizado todos los usos de la voz pasiva en los cuales no se expresa el agente para determinar si se puede usar la voz pasiva refleja?
- ¿Ha analizado todos los usos de la voz pasiva refleja?
- ¿Ha analizado todos los usos de la pasiva impersonal?

D. *El uso del artículo definido e indefinido*

- ¿Ha analizado todos los sustantivos usados con o sin el artículo definido?
- ¿Ha analizado todos los sustantivos usados con o sin el artículo indefinido?

E. *Errores de ortografía*

- Anote las palabras dudosas que ha encontrado al revisar su composición: _____
- Anote los cambios hechos después de consultar un diccionario:
  _____

Capítulo 7: El análisis y la clasificación

ETAPA UNO: ANTES DE REDACTAR

La exposición que utiliza el análisis y la clasificación

Dos técnicas que se usan con frecuencia en la exposición son la técnica del análisis y la técnica de la clasificación. La exposición analítica, o sea el análisis, tiene como propósito el exponer o presentar un tema por medio del estudio de cada una de sus partes. Por ejemplo, una exposición analítica sobre las flores hablaría de las partes de la flor, es decir, de la raíz, del tallo, y de los pétalos. Una exposición analítica sobre la novela hablaría de los personajes, del argumento, del punto de vista y demás elementos que la componen. Analizar significa «distinguir y separar las partes de un todo hasta llegar a conocer sus principios o elementos». Una exposición, entonces, que utiliza la técnica del análisis es la presentación de un objeto, institución, proceso, etcétera, con atención a sus aspectos constitutivos. La exposición que utiliza el análisis contesta la pregunta: «¿De qué partes o elementos se compone la entidad que se presenta?»

En contraste, la clasificación contesta la pregunta: «¿Qué clases existen y cómo se relacionan?» Clasificar es, en su sentido más básico, ordenar o agrupar conceptos o entidades para lograr identificar las características que unen o separan los diferentes grupos. Una exposición sobre las flores, por ejemplo, que tuviera como propósito clasificarlas, hablaría de los diferentes tipos de flores utilizando algún criterio específico para dividirlas en clases. Una exposición clasificatoria sobre la novela latinoamericana quizás presentaría las características de la novela romántica, de la novela realista, de la novela modernista, etcétera.

En resumen, el análisis empieza con *una* entidad y la divide en varias partes según ciertos criterios; en cambio, la clasificación parte de *muchas* entidades y acaba por agruparlas según algún orden específico. El análisis de un poema, por ejemplo, podría hablar de su tema, de su rima, de sus imágenes y de sus metáforas, mientras que la clasificación de un poema hablaría de poemas épicos, líricos, narrativos, etcétera y explicaría qué características del poema permiten situarlo dentro de una clase en particular.

Vocabulario útil

Las palabras y expresiones que se incluyen a continuación se utilizan para referirse a la entidad que se analiza o se clasifica.

VOCABULARIO PARA EL ANALISIS Y LA CLASIFICACION	
Análisis	
Criterios de análisis:	
componerse de	descomponerse en
consistir en (una idea o concepto)	dividirse en
consta de (enumeración de varias partes o conceptos)	formarse de
	separarse en
Algunos elementos en que se divide una entidad:	
el aspecto	el nivel
el elemento	la parte
el estrato	el segmento
la función	
Clasificación	
Criterios de clasificación:	
agruparse en	clasificarse (por, según, atendiendo a)
asignarse a diferentes clases	
Grupos o clases:	
las categorías	los grupos
las clases	los órdenes
las especies	los tipos
los géneros	

El análisis: Modelo y análisis

Modelo

El oído

Párrafo 1:
Introducción
Tesis:
Párrafo 2:

El oído es el sentido que nos permite percibir los ruidos. Su órgano principal es la oreja. El aparato auditivo está dividido en tres partes: el oído externo, el oído medio y el oído interno.

El oído externo comprende el pabellón de la oreja y el conducto auditivo interno cuyo conjunto semeja una trompetilla acústica. El pabellón de la oreja, llamado comúnmente *oreja*, es un cartílago que está adherido al cráneo y cuya función consiste en recoger las ondas sonoras para concentrarlas en el conducto auditivo externo. El conducto auditivo externo pone en comunicación el oído externo con el oído medio y es un canal que se introduce en el hueso temporal. Este conducto tiene unas glándulas que segregan el cerumen que sirve para conservar la flexibilidad del tímpano y a la vez está provisto de pelos que sirven para evitar la presencia de cuerpos extraños en el oído.

Párrafo 3:   El oído medio o caja del tímpano comprende tres partes: la membrana del tímpano, los cuatro pequeños huesecillos y el orificio de la trompeta de Eustaquio. El oído medio, como el externo, está alojado en el hueso temporal. La membrana del tímpano es la que separa la cavidad del oído medio del oído externo. La cadena de huesecillos está unida al tímpano y está formada por los siguientes huesos: el martillo, el yunque, el lenticular y el estribo. Por medio de la trompeta de Eustaquio del oído medio se comunica con la faringe, y por medio de dos orificios llamados *ventana oval* y *ventana redonda* se comunica con el oído interno.

Párrafo 4:   El oído interno, llamado también *laberinto*, está situado, como el externo y el medio, en el hueso temporal y consta de tres partes: el vestíbulo, los canales semicirculares y el caracol. El vestíbulo es una cavidad que se comunica con el oído por medio de las ventanas oval y redonda. Los canales semicirculares están formados por tejidos óseos y desembocan en el vestíbulo por medio de varios orificios. El caracol es un tubo de tejido óseo, en forma de espiral, en cuyo interior hay una membrana con numerosas terminaciones del nervio acústico. El oído interno está rodeado de un líquido que se llama *perilinfa* y contiene en su interior otro líquido llamado *endolinfa* que sirve para evitar el roce de este órgano con el hueso temporal.

(de *Breve enciclopedia*, J. M. Rodríguez)

Análisis

Tema

La anterior exposición es una explicación de la construcción del oído; se utiliza el método de análisis para describir sus partes principales.

Organización

La exposición empieza con una introducción seguida de tres párrafos, cada uno de los cuales desarrolla una de las partes principales del oído. No hay conclusión. La estructura puede esquematizarse así:

Párrafo 1:   I. Introducción
    A. *Definición:* tipo clase + diferenciación
    B. *Tesis:* divide el oído en sus partes principales

Párrafo 2:   II. Descripción de la primera parte principal. *Oración temática:* El oído externo comprende el pabellón de la oreja y el conducto auditivo interno cuyo conjunto semeja una trompetilla acústica.

Párrafo 3:   III. Descripción de la segunda parte principal. *Oración temática:* El oído medio... de Eustaquio.

Párrafo 4:   IV. Descripción de la tercera parte principal. *Oración temática:* El oído interno ... el caracol.

Note que en este ejemplo, la descripción de cada una de las partes principales es analítica también: habla de los varios componentes de cada una. Al pintar este cuadro, entonces, el autor distingue y separa las diferentes partes del aparato auditivo hasta dar a conocer sus elementos. También sería posible escribir sobre el oído una exposición usando el método de clasificación. En este caso se hablaría de las diferentes clases de oído; por ejemplo, se podría hablar del oído de los mamíferos, del oído de los reptiles, del de los anfibios, etcétera.

Punto de vista y tono

Como este análisis es parte de una enciclopedia escolar que se utiliza en algunas partes de México como libro de texto, el autor toma la posición de que el lector necesita información fundamental sobre el sistema auditivo. Incluye algunos aspectos técnicos aunque su propósito no es explicar cómo funciona el oído sino solamente describir su estructura a grandes rasgos.

Así como en las exposiciones que se han presentado anteriormente, en ésta tampoco se refleja la actitud del escritor ni hacia su tema ni hacia el lector. Se utiliza la tercera persona y se adopta un tono neutral.

La clasificación: Modelo y análisis

Modelo

El hombre y los sistemas de clasificación

Párrafo 1:
Introducción

Las plantas y los animales suelen clasificarse biológicamente, cada uno según su clase, orden, familia, género y especie. El ser humano, por ser animal, puede tratarse según la misma jerarquía biológica. Pero el hombre es, además de ser animal, un ser social y las clasificaciones que se le aplican con más frecuencia no se basan en la biología sino en sus instituciones sociales. Desde la perspectiva religiosa, por ejemplo, los hombres pueden ser o cristianos, judíos, musulmanes, hindúes, budistas o ateos. Vistos desde un punto de vista económico, los hombres se agrupan según su clase social. *Por ejemplo, dentro del capitalismo se cuenta la división de la sociedad en tres clases sociales: la clase capitalista, la clase media y la clase proletaria.*

Tesis:

Párrafo 2:

Se incluye en la clase capitalista a las personas que participan en el sistema, en calidad de industriales, comerciantes y banqueros. El capitalista industrial es aquél que obtiene un beneficio económico de la producción industrial, ya sea en la compra de materias primas como en la aplicación de las máquinas a la producción y en el pago de la fuerza de trabajo. El capitalista mercantil es el que adquiere la mercancía a un precio y la vende a otro más elevado. El capitalista banquero y financiero es el que presta dinero a interés a industriales y comerciantes.

Párrafo 3:   Se considera que son miembros de la clase media los profesionales, los burócratas pequeños y los comerciantes. La clase media es subsidiaria del capitalismo o del gobierno y radica principalmente en las ciudades. Esta clase ha venido acrecentando su importancia cuantitativa.

Párrafo 4:   Los miembros del proletariado o clase trabajadora participan en el sistema como obreros o campesinos. Venden su «fuerza de trabajo» en las fábricas, en las construcciones, en las plantaciones, etcétera, a cambio de un salario.

Conclusión: Las clasificaciones biológicas se basan en la naturaleza misma del organismo y por lo tanto no admiten movilidad entre sí: un miembro de la clase de mamíferos no puede cambiarse de opinión y hacerse reptil ni vice versa. A pesar de ciertos intentos históricos de establecer este carácter exclusivo en las clasificaciones sociales (especialmente en las económicas), es importante reconocer que éstas no son naturales sino arbitrarias: se basan en la voluntad y la circunstancia del hombre. El obrero no puede nunca llegar a ser pájaro, pero sí puede hacerse millonario.

(Adaptado de *Hoy en la historia*, Blackaller y Ramírez)

Análisis

Tema

En la exposición anterior se recurre al sistema capitalista para ejemplificar una de las maneras en que se puede clasificar a los seres humanos.

Organización

La exposición anterior consta de cinco párrafos. El primero sirve de introducción y presenta la tesis. Cada uno de los tres párrafos siguientes habla de una clase social en particular. El último párrafo sirve de conclusión. Esta vuelve al tema de la clasificación biológica que se presentó en la introducción para contrastarlo brevemente con el del sistema económico. Este contraste, a su vez, es el punto de partida para el comentario final.

Punto de vista y tono

El punto de vista y tono de esta exposición es similar al que se analizó en la exposición analítica. El escritor utiliza la tercera persona y mantiene un tono formal y, hasta el último párrafo, objetivo. En la conclusión, sin embargo, se nota cierto tono editorial.

El análisis y la clasificación: Resumen

El análisis contesta la pregunta: «¿De qué partes o elementos se compone la entidad que se presenta?» La clasificación contesta la pregunta: «¿Cuáles son las diferentes clases de esta entidad?» La estructura de una exposición analítica y la de una exposición clasificatoria son muy semejantes, ya que las dos tienden a enumerar una serie de entidades y luego a describirlas o explicarlas una por una. En el esquema que sigue se comparan las dos estructuras.

ESQUEMA	EL ANALISIS	LA CLASIFICACION
Párrafo 1: *Introducción*	Identifica el tema e indica el enfoque de la exposición. Contiene la tesis: El alga *tiene tres partes.*	Identifica el tema e indica el enfoque de la exposición. Contiene la tesis: *Hay nueve clases* de algas.
Párrafo 2:	Identifica y explica *una* de las *partes* de la entidad.	Identifica y explica *una* de las *clases* de la entidad.
Párrafo 3:	Identifica y explica *otra* de las *partes* de la entidad.	Identifica y explica *otra* de las *clases* de la entidad.
Párrafo 4:	Identifica y explica *otra* de las *partes* de la entidad.	Identifica y explica *otra* de las *clases* de la entidad.
Conclusión:	Breve resumen.	Breve resumen.

Aspectos estructurales

La titulación

Lo primero que ve el lector en un trabajo escrito es su título. El título es un elemento de tal importancia, que en muchos casos, éste solo es suficiente para despertar el interés o provocar la apatía del lector hacia algo escrito. El escritor que se proponga crear una buena primera impresión en sus lectores necesita aprender a elaborar títulos que transmitan desde el principio la impresión total que desea comunicar.

Específicamente, un título tiene las siguientes funciones.

1. Informar al lector sobre el tema que se presenta, sugiriendo el enfoque u objetivo del escrito
2. Captar la atención del lector
3. Reflejar el tono de la presentación

No siempre es posible que un solo título abarque todas estas especificaciones; pero en todo caso, es importante que el escritor esté consciente de las funciones que desempeña en particular. Las siguientes indicaciones pueden utilizarse como guía.

El título debe informar al lector sobre el tema que se presenta sugiriendo el enfoque u objetivo del escrito. Un título bien escrito informa; es decir, refleja claramente el contenido del trabajo. Por lo tanto, los títulos demasiado generales deben evitarse. Si se aplica el título «El teatro» a una exposición en la cual se analiza la comedia del Siglo de Oro, tal título no permite al lector adivinar que se trata de la discusión de una época específica del teatro español. Es demasiado general para dar una idea cabal del tema que realmente se presenta.

De ser posible, el título de un trabajo debe sugerir el enfoque particular de lo que se comenta. Por ejemplo, el título «Los sueños» aplicado a una exposición sobre las causas de las pesadillas sería demasiado global. El lector no lograría darse cuenta de que aquí no se habla de los sueños en su totalidad. Un título mejor enfocado, dado el propósito de la exposición, sería: «De los sueños a las pesadillas: Causas y posibles soluciones», o quizás: «¿Por qué tenemos pesadillas?»

Un título bien escogido también debe indicar cuáles serán los objetivos de la exposición. Por ejemplo, si se quiere escribir acerca del sistema auditivo y de sus componentes, un título que sugiriera tal contenido podría ser: «Los componentes del sistema auditivo». A través de este título, el lector logra darse cuenta de que se hablará de las partes de ese sistema. El título «El oído», sin embargo, no indica ningún enfoque específico. Una exposición bajo este título se prestaría para hacer ya sea un análisis, una clasificación o una definición del oído.

El título debe captar la atención del lector. Un buen título debe captar la atención del lector. El título que se propone lograr esto generalmente utiliza el humor, la sorpresa o la interrogación. Por ejemplo, una exposición sobre la contaminación del ambiente pudiera llevar por título «La región menos transparente». Este título plagia con cierto tono humorístico el de la famosa novela de Carlos Fuentes, *La región más transparente*. Tal adaptación reflejaría el contenido de la exposición mientras que al mismo tiempo haría pensar al lector informado sobre su significado.

El título debe reflejar el tono de la presentación y ser apropiado para el lector y para la exposición. Si acaso se decide utilizar un título que capte la atención del lector, importa recordar que el título siempre debe ser apropiado para el lector y para la exposición. Teóricamente, una exposición seria lleva un título serio. Una exposición menos formal puede reflejar esta característica a través de su título. En el caso de una exposición sobre la contaminación ambiental, es claro que si ésta va dirigida a un grupo de expertos en la materia, el título «La región menos transparente» no es muy apropiado. Sería más conveniente un título técnico que sugiriera las dimensiones del tema. Es obvio también que la presentación misma del tema, si va dirigida a ese grupo de expertos, sería diferente de una presentación orientada a concientizar a un grupo de jóvenes acerca de las consecuencias de la contaminación ambiental.

El título de una exposición puede contribuir marcadamente a crear la impresión que el escritor quiere dejar en el lector. Quien escribe necesita estar consciente del efecto que puede tener un título y aprender a utilizarlo con confianza.

Antes de comenzar a escribir: Ejercicios

A. *Trabajo de la clase entera*

1. Comenten los siguientes temas, discutiendo los títulos que se pudieran usar para dirigir la exposición a los lectores indicados.

   a. Los problemas de las madres solteras
   Lectores: una madre
      un psicólogo
      una persona a cargo del departamento de empleo de una empresa que piensa ofrecerle empleo a una madre soltera

   b. El cuarto de baño
   Lectores: un estudiante de arquitectura
      un matrimonio que busca casa
      un fabricante de toallas y otros artículos para baño

    c. Los volcanes
        Lectores: un grupo de geólogos
               un grupo de turistas
               unos alumnos de la escuela primaria

2. Escojan uno de los temas anteriores y escriban en la pizarra un título y una introducción que incluya la tesis. Diríjanse a un lector específico.

- ¿Es demasiado serio o humorístico el título? ¿Está de acuerdo con el contenido de la introducción?
- ¿Tiene el tono apropiado?
- ¿Se emplea el vocabulario apropiado?
- ¿Captará el interés del lector a quien se dirige?
- ¿Presenta y enfoca el tema?

B. *Trabajo en pequeños grupos*

1. Divídanse en grupos de cuatro. Escojan uno de los temas a continuación y limítenlo, haciendo preguntas de enfoque. Luego escriban una tesis.

    Temas: El teléfono   La personalidad humana
                   El cigarrillo   La historia de los Estados Unidos
                   Una cita

2. Pasen el tema y su tesis al grupo a la derecha. Estudien el nuevo tema, decidan cuántos párrafos tendrá y escriban una oración temática para cada párrafo. Otra vez pasen los esquemas a la derecha. Estudien el nuevo esquema y escriban la introducción y la conclusión.

3. Comenten los resultados con la clase entera, prestando mayor atención a la tesis y a las oraciones temáticas. Luego discutan el título que se le pudiera poner a cada trabajo y escojan el lector a quien se dirigirá. ¿Apoyan la tesis las oraciones temáticas?

ETAPA DOS: LA REDACCION

Cómo se escribe un análisis y/o una clasificación

El proceso de escribir un análisis y/o una clasificación se basa en los pasos que se detallan a continuación. Estudie cada paso cuidadosamente antes de empezar a escribir su composición.

1. Seleccione un tema general que permita el uso de una de las siguientes preguntas:

    a. ¿De qué partes se compone la entidad?

    b. ¿Cuáles son las diferentes clases de la entidad?

2. Decida cuál de las dos preguntas quiere contestar.

3. Decida a quién dirigirá lo escrito y escoja el tono necesario para hacerlo.

4. Escriba una tesis que exprese ya sea los límites del análisis o los límites de la clasificación que se va a hacer. Por ejemplo: *Hay diez clases diferentes de microcomputadoras* (clasificación); *La microcomputadora tiene cuatro partes principales* (análisis).

5. Escoja los detalles que han de servir para desarrollar la tesis: la descripción de las partes (en el caso del análisis); la descripción de las clases (en el caso de la clasificación).

6. Elabore un esquema en el cual vayan incluidos la introducción, la tesis, la división en párrafos, la oración temática de cada párrafo y la conclusión.

7. Escriba un borrador.

8. Escoja un título que refleje el tono y el propósito del escrito.

9. Revise el contenido.

10. Revise los aspectos gramaticales.

11. Pase el trabajo en limpio.

Tarea

Escriba una exposición analítica o clasificatoria sobre uno de los siguientes temas o sobre algún otro tema parecido que le interese.

un poema	el gobierno	una novela
el corazón	la bicicleta	un instrumento musical

Siga este formato en su composición.

1. La identificación de la exposición: ¿análisis o clasificación?

2. La identificación de las partes de la exposición

3. La tesis subrayada e identificada

4. Las oraciones temáticas subrayadas e identificadas

ETAPA TRES: LA REVISION

Primer paso: Revisión de la estructura y de la organización

La organización del escrito en su totalidad

Revise la composición ya escrita mediante las siguientes preguntas.

- ¿Cuál es el tema de mi escrito?

- ¿He escrito un análisis o una clasificación?
- ¿Cuál es la tesis de mi escrito?
- ¿Demuestra la tesis el hecho de que he escrito un análisis o una clasificación?
- ¿Indica el contenido de los párrafos de apoyo el hecho de que he escrito un análisis o una clasificación?
- ¿Cuál es la función del título de mi escrito? ¿Qué tono tiene? ¿Qué revela en cuanto al contenido?

La organización a nivel del párrafo

Cada uno de los párrafos del escrito debe examinarse mediante las siguientes preguntas.

- ¿Qué función desempeña cada uno de los párrafos? ¿Se utiliza un párrafo separado para presentar la introducción? ¿la conclusión? ¿Cuál es el contenido de los párrafos de apoyo?
- ¿Contiene cada uno de los párrafos una oración temática?
- ¿Se relacionan entre sí todas las ideas que se incluyen en el mismo párrafo?
- ¿Cómo se logra hacer las transiciones entre párrafos?

Segundo paso: Revisión de los aspectos gramaticales

Los dos modos principales del español son el indicativo y el subjuntivo. Con muy pocas excepciones,[1] el subjuntivo sólo se encuentra en cláusulas subordinadas.

El subjuntivo en cláusulas subordinadas

Una cláusula subordinada es una oración que va incluida dentro de otra oración.

El coche es nuevo. Compré el coche.   →   El coche **que compré** es nuevo.
Sé algo. Ellos no pueden venir.   →   Sé **que ellos no pueden venir.**

La cláusula subordinada puede tener varias funciones: nominal, adjetival o adverbial.

Nominal:	Creen **que es un libro bueno.**	(La cláusula funciona como complemento directo del verbo *creer*.)
Adjetival:	Es un libro **que trata de la historia colonial.**	(La cláusula describe el sustantivo *libro*.)
Adverbial:	Vienen **cuando pueden.**	(La cláusula indica cuándo, cómo, dónde o por qué ocurre la acción principal.)

---

[1] Véase *El subjuntivo en otras construcciones* (pág. 117).

En todos estos casos se usa el subjuntivo, en vez del indicativo, en la cláusula subordinada cuando:

1. La cláusula se refiere a lo que está fuera de lo que el hablante considera real: es decir, lo no conocido o no experimentado.

2. El mensaje de la oración principal expresa ya sea un comentario personal o una reacción emocional acerca del contenido de la cláusula subordinada.

A continuación se presentan estas dos condiciones con más detalle.

Lo conocido versus *lo no conocido*

El conocimiento puede resultar de la experiencia personal obtenida por medio de información que se recibe a través de los sentidos o por información recibida de fuentes en que se confía: libros, la lógica, creencias generalmente aceptadas como verdaderas. Cuando la cláusula subordinada trata de lo conocido o de lo experimentado, **se usa el indicativo**.

EJEMPLOS	ANALISIS
Cláusula nominal	
Sabemos **que ellos no tienen suficiente dinero.**	La información «no tienen suficiente dinero» se considera verdadera.
Veo **que Ud. se compró un Mercedes.**	«Ud. se compró un Mercedes» es parte de mi experiencia personal; puedo afirmar su realidad.
Es **que son unos desagradecidos.**	Se afirma algo que se considera verdadero y que se sabe a través de una experiencia directa.
Cláusula adjetival	
Viven en una casa **que está cerca del lago.**	Sé que la casa donde viven tiene esa característica.
Hay varias personas aquí **que hablan** francés.	Por experiencia personal sé que existen estas personas que tienen la capacidad de hablar francés.
Dieron el premio a los **que llegaron** primero.	«Los» se refiere a un grupo específico, conocido.
Hizo todo lo **que pudo para ayudarnos.**	«Lo» se refiere a ciertas acciones específicas, conocidas.
Cláusula adverbial	
Sus planes me parecen bien hechos; Ud. puede viajar **como quiere.**	El que habla está enterado de la manera en que el otro quiere viajar.
Siempre van a Dooley's **tan pronto como salen del trabajo.**	Se afirma la realidad de una serie de acciones habituales de las que se tiene conocimiento.

Ya que se conoce al aspirante, no será necesario entrevistarlo.	Se afirma que se conoce al aspirante; esto se acepta como real.
Por mucho **que trabajan,** nunca salen adelante.	Se sabe cuánto trabajan; «mucho», en este contexto, es una cantidad conocida.

Note que, en todos los ejemplos anteriores, se usó el indicativo—tanto en la oración principal como en la oración subordinada—porque es el modo que corresponde cuando se hace una afirmación. Una afirmación se hace basándose en lo conocido o en lo experimentado y consiste en una declaración sobre la verdad de lo que se conoce o de lo que se ha experimentado. Sin embargo, cuando uno se refiere a sucesos o circunstancias de los que no se tiene conocimiento ni experiencia alguna, no es posible hacer una afirmación sobre ellos; por lo tanto, no es posible usar el indicativo. En las cláusulas cuyo contenido habla de lo que está fuera del alcance de nuestra experiencia, **se usa el subjuntivo.**

Lo no experimentado o lo no conocido incluye lo que no existe, lo que todavía no ha ocurrido y también lo que *puede* existir o *puede* haber ocurrido pero que se desconoce personalmente.

EJEMPLOS	ANALISIS
Cláusula nominal	
Dudo **que ellos tengan suficiente dinero.**	No se conoce lo suficiente su situación económica para hacer una afirmación absoluta.
Es posible **que él se haya comprado un Mercedes.**	No se sabe con seguridad si él se compró un Mercedes; la situación forma parte de lo no conocido.
No es **que sean unos desagradecidos,** sino que tienen otras formas de expresar su agradecimiento.	Se niega la existencia de cierta situación.
Quiero **que se vayan inmediatamente.**	La acción de irse todavía no ha ocurrido y, por lo tanto, no ha sido experimentada.
Cláusula adjetival	
Buscan una casa **que esté cerca del lago.**	Se afirma solamente que ellos buscan la casa; pero no se sabe si la casa misma existe.
No hay nadie aquí **que hable francés.**	No es posible tener experiencia o conocimiento de algo que no existe.
Quieren dar el premio a los **que lleguen primero.**	En este momento no se sabe quiénes serán los primeros en llegar; «los» se refiere a algo no conocido.
Hará todo lo **que pueda para ayudarnos.**	«Lo» se refiere a ciertas acciones todavía no realizadas y por lo tanto no conocidas.

Cláusula adverbial	
Ud. puede viajar **como quiera.**	El que habla no tiene idea de la manera en que el otro quiere viajar.
Piensan ir a Dooley's **tan pronto como salgan del trabajo.**	El «ir a Dooley's» al igual que el salir del trabajo son acciones futuras y, por lo tanto, no experimentadas.
Debes llevar el paraguas en caso de que **llueva.**	La acción de *llover* es incierta; se presenta como una posibilidad, no como una realidad.
Abren la ventana para que **haya más ventilación.**	Sólo se puede afirmar la acción de abrir la ventana; el efecto de esa acción es hipotética, no es un hecho afirmado.
Por mucho **que trabajen,** nunca saldrán adelante.	No se sabe; exactamente cuánto trabajarán; «mucho», en este contexto, es una cantidad no conocida.

Por lo visto se puede deducir que a veces es necesario usar el subjuntivo en la oración subordinada porque se refiere a acciones que tendrán lugar en el futuro y a veces porque se describe una circunstancia inexistente o no específica. La oración principal puede estar formada ya sea por un solo verbo, por una expresión impersonal o por una frase.

Deseamos
Es necesario   } que se vaya de aquí inmediatamente.
Nuestro deseo es

Recuerde: a pesar de la gran variedad de estructuras y mensajes que piden el subjuntivo, siempre están presentes dos características. Primero, se habla de objetos, seres o circunstancias que no forman parte de lo conocido o de lo experimentado; segundo, esta información se presenta en una oración subordinada.

Casos especiales

A. *Lo indefinido no es siempre lo no específico.* Muchas descripciones del subjuntivo indican que su uso puede ser motivado por un pronombre indefinido (**alguien, cualquier**) o por un artículo indefinido (**un, una**).

Necesitan a alguien que pueda hacerlo.	*They need someone (who may or may not exist) who can do it.*
Buscan un negociante que tenga experiencia internacional.	*They are looking for a businessman (who may or may not exist) who has international experience.*
Cualquier persona que viviera allí tendría la misma opinión.	*Any person who lived there (no knowledge of who, in fact, does) would have the same opinion.*

Sin embargo, es importante señalar que *no* es la presencia de un pronombre o de un artículo indefinido lo que ocasiona el uso del subjuntivo, sino el significado de la oración. Compárense los siguientes ejemplos:

Veo **una/la** manzana que es verde.	«Una» manzana tanto como «la» manzana se refieren a entidades *específicas*, conocidas. → *indicativo*
¿Existe **una/la** persona que entienda estas ecuaciones?	En este contexto, tanto «una» como «la» preceden una entidad *no específica;* no se sabe si tal persona existe. → *subjuntivo*

Tanto el artículo definido como el artículo indefinido pueden exigir el uso del subjuntivo si el sustantivo que se describe se refiere a una entidad no específica, es decir, si el sustantivo no corresponde a una entidad de cuya existencia el hablante tenga conocimiento o haya experimentado.

Hay alguien que puede hacerlo.	*There is someone (I know the person) who can do it.*
Buscan a un negociante (creen que se llama Ruf) que tiene experiencia internacional.	*They are looking for a businessman—they think his name is Ruf—who has international experience.*
Cualquier persona que vive allí debe tener la misma opinión.	*Any person (every person) who lives there should have the same opinion.*

B. *Duda y seguridad.* Tradicionalmente las expresiones **creer, ser cierto** y **es seguro** (entre otras) se han asociado con la certidumbre (y con el indicativo), mientras que sus formas negativas e interrogativas se han asociado con la duda (y con el subjuntivo). Sin embargo, es importante reconocer que la duda y la certidumbre son dos polos opuestos y que entre ambos extremos existen varias gradaciones que no se prestan a clasificaciones absolutas. Por eso, muchas expresiones llamadas «dubitativas» admiten los dos modos: con el subjuntivo se acentúa la incertidumbre; con el indicativo se manifiesta una inclinación hacia la afirmación.

No creo que sea así.	*I don't think it's that way (but I'm not sure).*
No creo que es así.	*I (really) don't think it's that way.*
Sospecho que esté mintiendo.	*I suspect (but I'm not sure) that he may be lying.*
Sospecho que está mintiendo.	*I suspect (and I feel pretty sure) that he is lying.*

Por otro lado, la incertidumbre no parece eliminarse totalmente en las expresiones **no dudar, no ser dudoso** y **no haber duda.** Aunque «exigen» el indicativo, con mucha frecuencia se expresan en el subjuntivo: **No dudo que sea inteligente.**

Ejercicios

A. Explique la diferencia que hay en el significado de los siguientes pares de oraciones.

  1. a. Buscan un libro que trata ese tema.
     b. Buscan un libro que trate ese tema.

  2. a. Primero van a hacer el trabajo que es más importante.
     b. Primero van a hacer el trabajo que sea más importante.

  3. a. Dice que viene inmediatamente.
     b. Dice que venga inmediatamente.

  4. a. Ud. puede hacerlo cuando quiere.
     b. Ud. puede hacerlo cuando quiera.

  5. a. ¿Crees que lo sabe?
     b. ¿Crees que lo sepa?

  6. a. Trabajan hasta que lo terminan.
     b. Trabajarán hasta que lo terminen.

  7. a. Lo explican de modo que todos entienden.
     b. Lo van a explicar de modo que todos entiendan.

  8. a. Necesitan aprenderlo aunque es difícil.
     b. Necesitan aprenderlo aunque sea difícil.

B. ¿Por qué se usa el subjuntivo o el indicativo en los siguientes casos?

  1. Es importante que todos *sepan* la verdad.

  2. Debes estar listo en caso de que te *llamen.*

  3. Lo digo, no porque *quiera* ofenderte, sino porque *es* mi deber.

  4. Tiene una manera de hablar que nos *encanta.*

  5. Vaya Ud. al banco tan pronto como *pueda.*

  6. La vida no es aburrida; es que todos Uds. la *toman* demasiado en serio.

  7. Todavía no han inventado la máquina que *pueda* hacer esta tarea.

  8. La ley dispone que le *den* una sentencia muy severa.

  9. Por mucho que *cuesten,* siempre compra unos recuerdos para sus sobrinitos.

  10. Me parece que su hija *estudia* en Harvard.

C. Complete las siguientes oraciones con la forma correcta del verbo—ya sea indicativo, subjuntivo o infinitivo—según el contexto. En cada caso explique la razón de su selección. En algunos casos es posible que haya más de una respuesta.

  1. Un día me casaré con alguien que me (querer) de verdad.

2. No es que (ser; ellos) perezosos sino que no (tener) experiencia.

3. Para que Ud. (ver) su error, le voy a dar otra oportunidad.

4. Ellos desean (asistir) a la reunión, pero es probable que (tener) otro compromiso.

5. Dudan que el presidente (resolver) la crisis pronto.

6. Puesto que Ud. (tener) mucha experiencia, le vamos a dar el puesto.

7. Acaban de ver una película que (burlarse) del tema.

8. Puede que (estar) enfermo, pero no lo creo.

9. Es posible (traer) vino, ¿verdad?

10. Nos juntaremos cuando tú (recibir) la carta.

El subjuntivo de emoción y comentario personal

Por lo visto anteriormente, es posible decir que el indicativo es el modo usado para la información y para la afirmación, mientras que el subjuntivo es el modo apropiado para la opinión y para la especulación. El otro contraste fundamental entre los dos modos asocia el indicativo con la objetividad y el subjuntivo con la subjetividad. El indicativo es el modo que se usa para la información; el subjuntivo para hacer comentarios sobre ella.

EJEMPLOS	ANALISIS
El meteorólogo { asegura, dice, cree, señala, anuncia, explica, afirma, opina } que mañana **va** a llover.	En la oración principal se indica que la información contenida en la oración subordinada se considera un hecho.
{ ¡Qué pena, Sentimos, Es bueno para la cosecha, ¡Qué horror, Es increíble, Nos alegramos de, Es una lástima } que mañana **vaya** a llover(!).	En la oración principal se expresa un comentario o un juicio emocional sobre la información de la oración subordinada.

En la mayoría de estos casos el contraste entre el indicativo y el subjuntivo en la oración subordinada ya no se basa en la diferencia que existe entre una afirmación y una especulación. Por ejemplo, en los dos casos anteriores, «va a llover» se acepta como una información verdadera. El contraste radica en la manera de comunicar esa información. El indicativo se reserva para el reportaje objetivo, mientras que el subjuntivo se usa para llevar el mensaje emotivo y el comentario personal.

Casos especiales

A. **Temer y esperar.** **Temer** y **esperar** van seguidos del subjuntivo cuando tienen un significado emocional (*to fear* y *to hope*). **Temer** en el sentido de *to suspect* y **esperar** con el significado de *to expect* van seguidos del indicativo y con frecuencia del tiempo futuro.

Nadie contesta el teléfono; temo que no hayan llegado.	*No one answers the phone; I'm afraid that they may not have arrived.*
Siempre lleva el mismo traje; temo que no tiene otro.	*He always wears the same suit; I suspect he hasn't another.*
Espero que todos se diviertan mucho en la fiesta.	*I hope that you all have a good time at the party.*
Se espera que la ceremonia durará menos de dos horas.	*It is expected that the ceremony will last less than two hours.*

B. **Ojalá (que).** Para expresar el deseo o la esperanza de que algo ocurra, **ojalá (que)** va seguido del presente de subjuntivo. Para expresar un deseo imposible o contrario a la realidad, es el pasado de subjuntivo el que la sigue.

Ojalá que sean ricos.	*I hope they are rich.*
Ojalá que fueran ricos.	*I wish they were rich.*
Ojalá que lo hayan visto.	*I hope they have seen it.*
Ojalá que lo hubieran visto.	*I wish they had seen it.*

C. **El (hecho de) que.** Esta expresión exige el subjuntivo cuando presenta información ya conocida por los oyentes, información que después es la base de algún comentario o es la causa de una reacción emocional. Se usa con el indicativo cuando la información, además de ser nueva, se presenta sin comentario alguno.

El (hecho de) que sea el hijo de un noble no debe tener ninguna importancia.	*The fact that he is the son of a nobleman should have no importance.*
Les sorprendió mucho el hecho de que Ud. nunca hubiera asistido a la universidad.	*They were very surprised by the fact that you had never attended the university.*
Luego mencionaron el hecho de que, en su juventud, había matado varios animalitos.	*Then they mentioned the fact that in his youth he had killed several small animals.*

El subjuntivo en otras construcciones

Como ha quedado demostrado, el uso del subjuntivo responde a ciertas características específicas del mensaje: se usa el subjuntivo cuando se habla de algo no conocido o no experimentado y cuando se hace un comentario personal o emocional sobre una situación determinada. Pero además de lo anterior, el uso del subjuntivo también depende de una característica estructural: en la gran mayoría de los casos, el subjuntivo sólo ocurre en oraciones subordinadas.

Nadie **viene.**	*No one is coming.*
No hay nadie que **venga.**	*There is no one who is coming.*
Posiblemente **viene** más tarde.	*Possibly she is coming later.*
Es posible que **venga.**	*It is possible that she will come.*

Hay tres excepciones comunes a esta regla general.

A. *Acaso, tal vez, quizá(s)* (perhaps). Cuando estas expresiones preceden al verbo, éste puede expresarse tanto en el indicativo como en el subjuntivo. El subjuntivo acentúa la duda y la incertidumbre. El verbo se conjuga en indicativo siempre que le siga **acaso, tal vez** o **quizá(s).**

> Tal vez haya dicho la verdad.
> Ha dicho la verdad, tal vez. } *Perhaps you have told the truth.*

> No ha venido todavía; quizás esté enferma.
> No ha venido todavía; está enferma, quizás. } *She hasn't come yet; perhaps she is sick.*

B. *La expresión de alternativas hipotéticas* (whether). Se usa el subjuntivo en las expresiones que presentan alternativas hipotéticas. Con frecuencia este uso del subjuntivo corresponde a una construcción con *whether* en inglés.

Venga lo que venga, he tomado mi decisión.	*Come what may, I have made my decision.*
Sea médico o sea abogado, no es mejor persona que nosotros.	*Whether he's (Be he) a doctor or a lawyer, he's no better a person than we are.*
Mañana, hayan o no terminado el capítulo, tendrán un examen.	*Tomorrow they will have an exam whether or not they have finished the chapter.*

C. *Para indicar una reserva personal* (as far as). Se usa el subjuntivo en la construcción **que + saber** (ver, recordar) para expresar una reserva personal, equivalente a la expresión *as far as* en inglés. Ocurre con frecuencia en un contexto negativo.

Esta es la única manera, que yo vea, de solucionar el problema.	*This is the only way, as far as I can see, to solve the problem.*
No hay nadie, que ellos sepan, que esté mejor capacitado.	*There is no one, as far as they know, who is better qualified.*

Ejercicios

A. Explique el por qué del uso del subjuntivo o del indicativo en las siguientes oraciones.

   1. Me parece mentira que *viva* con ella sin casarse.

2. Dile que *pase* por mi oficina cuando *tenga* un momento.

3. Aunque *es* muy buena persona, no es buen maestro.

4. No tiene hermanos, que *sepamos*.

5. Opinan que el gobierno *necesita* nuevos líderes.

6. Es triste que *trabaje* en un lugar que *es* tan deprimente.

7. No lo puede entender; temo que *es* demasiado complicado.

8. Es de esperar que se *presente* un buen candidato antes de que *sea* demasiado tarde.

9. *Suceda* lo que *suceda*, esta vez ellos no obedecen al rey.

10. *Salen* mañana, tal vez.

11. Quiero vivir donde *haya* aire puro.

12. No puedes comprar alcohol a menos que *tengas* dieciocho años.

B. Complete las siguientes oraciones con la forma correcta del verbo—ya sea indicativo, subjuntivo o infinitivo—según el contexto. En cada caso explique la razón de su selección. En algunos casos es posible que haya más de una respuesta.

   1. Uds. no tienen que trabajar ya que (ser) ricos.

   2. Todos niegan que la situación (ir) a ponerse peor.

   3. Nadie (poder) volar sin la ayuda de alguna máquina.

   4. Vamos a tener una fiesta; quizás (servir: nosotros) sangría.

   5. Que yo (recordar), todavía no se ha casado.

   6. ¿Conoces a alguien que (tocar) el piano?

   7. Es una pena que (vivir) Uds. tan lejos.

   8. A mis padres no les gusta que yo (salir) contigo.

   9. Vamos a terminarlo tan pronto como nos (dar: ellos) permiso.

   10. Probablemente (ser: él) culpable, pero espero que ellos no lo (castigar).

   11. Es increíble que (haber) tanta pobreza en el mundo.

   12. Comprendemos que (tener: ellos) problemas pero no podemos aceptar que (actuar: ellos) así.

C. Exprese en español.

   1. I hope they have a bank that sells pesetas.

   2. As far as I know, this is the only restaurant that serves Mexican food.

   3. No matter how hard they try, they can't win.

   4. Whether you are married or single, romantic love is important.

5. You can do whatever you want, provided that you don't break anything.

6. I think it's horrible that we have to translate these sentences.

7. It is necessary for them to leave tomorrow, although they may not be ready.

8. The fact that you are bilingual should help you in the future.

El subjuntivo en oraciones condicionales

Hay tres clases de oraciones condicionales: las que describen una situación incierta, pero posible; las que describen una futura situación, poco probable; y las que describen una situación falsa y contraria a la realidad. Se usa el indicativo en la primera clase de oraciones y el subjuntivo en las restantes.

Si **tengo** dinero, quiero ir al cine este fin de semana.	*If I have money (possibly I will), I want to go to the movies this weekend.*
Si **conociera** al presidente, le haría algunas sugerencias.	*If I were to meet the president (a future event that I consider improbable), I would give him a few suggestions.*
Si yo **fuera** el presidente, no haría caso de los consejos de los desconocidos.	*If I were the president (but I am not), I would not pay any attention to the advice of strangers.*

En la primera clase de oraciones condicionales, pueden ocurrir casi todos los tiempos del indicativo.

Si **tenía** mucho apoyo, ¿por qué no **ganó** las elecciones?	*If he had a lot of support, why didn't he win the election?*
Si **fue** al hospital, es porque **estaba** muy enfermo.	*If he went to the hopsital, it was because he was very sick.*
No sé si **tendrás** tiempo, pero **debes** visitar el museo de arte.	*I don't know if you will have the time, but you should visit the art museum.*

En las otras dos clases, sin embargo, la oración principal siempre se expresa en el *condicional* (en cualquiera de sus formas: simple, perfecta o progresiva), mientras que la cláusula que lleva **si** se expresa en el *pasado de subjuntivo*.

Si pudiera escoger otra edad en que vivir, escogería el Renacimiento.	*If I could choose another age in which to live, I would choose the Renaissance.*
Habría podido entender mejor la película si hubiera aprendido italiano.	*I would have been able to understand the film better if I had learned Italian.*
Si estuvieras ganando $1.000.000 al año, ¿estarías estudiando aquí?	*If you were earning $1,000,000 a year, would you be studying here?*

Dos variaciones del patrón de la oración condicional son:

1. Usar una frase preposicional con **de** en vez de la cláusula que lleva **si**.

De tener más tiempo, iría a verlo.	**Si tuviera más tiempo,** iría a verlo.
De haber recibido una invitación, ¿habrías asistido a la fiesta?	**Si hubieras recibido una invitación,** ¿habrías asistido a la fiesta?

2. Usar el pasado de subjuntivo en lugar del condicional cuando se trata de las formas perfectas.

Si hubiera tenido dinero, me **hubiera** comprado una casa cerca del mar.	Si hubiera tenido dinero, me **habría** comprado una casa cerca del mar.

Después de la expresión **como si,** siempre se usa una forma del pasado de subjuntivo; no es necesario usar el condicional en la oración principal.

Comen como si fuera su última comida.	*They're eating as if it were their last meal.*
Fue como si todo el mundo se me cayera encima.	*It was as if the whole world were falling in on me.*

Por lo general el presente de subjuntivo no ocurre en las oraciones condicionales.

Ejercicios

A. Complete las siguientes oraciones con la forma correcta del verbo según el contexto.

1. Si Ud. (tener) mucha hambre, ¿adónde iría a comer?

2. Ellos (contestar) la pregunta si supieran la respuesta.

3. Si Adams (ser) el segundo presidente, ¿quién fue el tercero?

4. Yo (haber) llegado más temprano si no se (haber) descompuesto el autobús.

5. Un día, si todavía (existir) el mundo, haré un viaje a ese país.

6. Si Ud. (tener) que escribir una biografía, ¿sobre quién la (escribir)?

7. ¡Odio a ese tipo! ¡Siempre me habla como si (ser) su inferior!

8. Si todos (haber) leído el artículo, podemos comentarlo en clase.

B. Dé un equivalente en español para la expresión en letras cursivas; luego exprese las oraciones en inglés.

1. *Si hubieran preparado mejor los argumentos,* habrían ganado el debate.

2. Si no les hubieras insultado, *no te habrían dicho eso.*

3. *Habría sido preferible tomar otra decisión* si las circunstancias lo hubieran permitido.

4. *Si tuviera más apoyo político,* ganaría las elecciones.

5. *Si se hubiera sabido de la tragedia, se habría mandado*
    ayuda.

C. Exprese en español.

1. If we have money left at the end of the month we can buy it.

2. This would not have happened if there were more justice in
   the world.

3. If they were to raise prices, the effects would be disastrous.

4. No one knew if the treasure had been found.

5. They treated them as if they were slaves.

El uso de los tiempos con el subjuntivo

Sólo hay cuatro formas del subjuntivo: el presente (**hable**), el presente perfecto (**haya ha-blado**), el imperfecto (**hablara**) y el pluscuamperfecto (**hubiera hablado**). Por lo tanto, para poder expresar todas las posibilidades temporales que existen en el indicativo, cada forma del subjuntivo tiene varias funciones. Por ejemplo, el presente de subjuntivo puede referirse lo mismo a acciones presentes como también a acciones futuras. La interpretación depende tanto del contexto de la oración subordinada (**no creo que venga hoy** versus **no creo que venga mañana**) como del tiempo en que esté el verbo principal. Aunque existen ciertas variaciones regionales, se pueden ofrecer las siguientes generalizaciones con respecto a la correspondencia entre las formas del subjuntivo y la referencia temporal.

VERBO PRINCIPAL: PRESENTE, PRESENTE PERFECTO, FUTURO, FUTURO PERFECTO O MANDATO[2]			
Realización del verbo subordinado	*Se usa*		
Futura	Presente	No creo que venga mañana.	*I don't believe he'll come tomorrow.*
Simultánea	Presente	No creo que vivan aquí.	*I don't believe they live (are living) here.*
Anterior (**vino**)	Presente perfecto	No creo que haya venido.	*I don't believe he came.*
Anterior (**ha venido**)	Presente perfecto	No creo que haya venido ya.	*I don't believe he has come yet.*
Anterior (**estaba**)	Imperfecto	No creo que estuviera allí.	*I don't believe he was there.*

[2]El verbo subordinado al mandato siempre está en el presente de subjuntivo, ya que siempre se refiere a una acción futura.

VERBO PRINCIPAL: IMPERFECTO, PRETERITO, PLUSCUAMPERFECTO, CONDICIONAL O CONDICIONAL PERFECTO			
Realización del verbo subordinado	*Se usa*		
Futura	Imperfecto	No creía que viniera más tarde.	*I didn't believe he would come later on.*
Simultánea (**vivía**)	Imperfecto	No creía que viviera allí.	*I didn't believe he lived (was living) there.*
Anterior (**vino/había venido**)	Pluscuam- perfecto	No creí que hubiera venido.	*I didn't believe he came (had come).*

Ejercicios

A. Forme nuevas oraciones, sustituyendo las palabras en letras cursivas por la expresión indicada entre paréntesis, haciendo a la vez todos los cambios que sean necesarios.

1. *Estoy seguro* que ganarán el partido. (Dudo)
2. *Sabemos* que estaba muy enfermo. (Es triste)
3. *Tengo* un amigo que es cubano. (No tengo)
4. *Dicen* que lo aprendió en dos horas. (Es increíble)
5. *Creían* que tenía veinte años. (No creían)
6. *Les parecía* que sería buena idea. (Les parecía poco probable)
7. Llegaron *varios* que lo habían visto. (Nadie)
8. *Es verdad* que se murió joven. (Es trágico)
9. *Se enteraron de* que poco a poco se moría. (Se pusieron tristes)
10. *Vieron* una película que ha ganado diez premios. (Quieren ver)

B. Exprese en español.

1. *a.* We hope they will visit us next year.
   b. We hope they are enjoying themselves.
   c. We hope they went to the museum.
   d. We hope they weren't making too much noise.
2. *a.* They doubted that he would do it.
   b. They doubted that we understood.
   c. They doubted that I had written to them.

Tercer paso: Revisión de aspectos gramaticales estudiados en capítulos anteriores

Después de revisar los usos del subjuntivo, también revise:

1. El uso de **ser** y **estar**
2. El uso del pretérito y del imperfecto
3. El uso de la voz pasiva con **ser,** la voz pasiva refleja y la construcción pasiva impersonal
4. El uso del artículo definido e indefinido

Cuarto paso: Revisión de la ortografía

Después de revisar los aspectos gramaticales estudiados, repase el escrito, buscando los errores de acentuación y de ortografía.

Quinto paso: Redacción de la versión final

Escriba una versión final de su trabajo ya con las correcciones y los cambios necesarios.

Capítulo 8: La comparación y el contraste

ETAPA UNO: ANTES DE REDACTAR

La exposición que utiliza la comparación y el contraste

La comparación y el contraste son dos técnicas de desarrollo que se utilizan con frecuencia en la exposición. La comparación demuestra las semejanzas que existen entre dos entidades; el contraste señala las diferencias.

Estos métodos de exposición pueden utilizarse cuando el escritor desee hacer lo siguiente:

1. Presentar información sobre algo que el lector desconoce dándolo a conocer por medio de sus semejanzas o diferencias en relación con algo que el lector sí conoce. Por ejemplo, para explicar a alguien lo que es un mango, puede compararse éste con otras frutas.

2. Presentar información sobre *dos* entidades desconocidas por el lector comparándolas o contrastándolas con algo ya conocido. Por ejemplo, para hablar de dos novelas que el lector no conoce, se puede hacer una comparación o contraste entre *la definición de una novela ideal* y las dos novelas que quieren discutirse.

3. Presentar información sobre alguna idea general mediante la comparación y/o el contraste de dos entidades que el lector ya conoce. Por ejemplo, para desarrollar el tema de las grandes religiones visto en su contexto social y cultural se puede hacer una comparación y contraste entre el catolicismo, el budismo y las creencias aztecas.

4. Evaluar o hacer un juicio sobre dos entidades.

Hay dos tipos de estructura que son fundamentales y que se utilizan al escribir una exposición basada en la comparación y/o el contraste.

1. *La presentación completa de las dos entidades*. En este tipo de estructura, se presentan todos los aspectos de una entidad, se incluye un párrafo de transición y se sigue con la discusión completa de la otra entidad.

2. *La presentación de un aspecto de una entidad, seguida por la comparación y/o el contraste de éste con un aspecto igual de la entidad opuesta*. En este tipo de estructura

se compara o se hace el contraste de una característica que ambas entidades tengan en común, antes de pasar a la característica siguiente. Comúnmente en este tipo de organización se presentan primero las semejanzas que hay entre dos entidades antes de pasar a hablar de sus diferencias.

Ejemplos de las estructuras fundamentales

Estructura 1: La presentación completa de dos entidades

Ejemplo:	El mango
Propósito:	Informar al lector sobre una fruta
Párrafo 1: *Introducción* *Tesis*	Comentarios introductorios El mango, fruta desconocida para muchos estadounidenses, tiene parecido con el durazno, fruta que sí conoce.
Párrafo 2: *Oración temática*	El durazno es una fruta que se reconoce por ciertas características importantes. 1. característica 1 (color) 2. característica 2 (sabor) 3. característica 3 (forma en que se come)
Párrafo 3: *Oración temática*	El mango es una fruta inconfundible. 1. característica 1 (color) 2. característica 2 (sabor) 3. característica 3 (lugares donde se da) 4. característica 4 (forma en que se come)
Párrafo 4: *Oración temática* *Comparación y* *contraste*	Hay semejanzas y diferencias entre el mango y el durazno. 1. detalle 1 2. detalle 2
Conclusión:	Resumen de las ideas importantes

Estructura 2: Comparación y/o contraste
de los aspectos de dos entidades comentados uno por uno

Ejemplo:	La poesía chicana
Propósito:	Informar al lector sobre un determinado tipo de poesía comparándola y contrastándola con la poesía lírica tradicional
Introducción: *Tesis*	Comentarios introductorios La poesía chicana, aunque es un género nuevo, tiene un gran parecido con la poesía lírica tradicional.
Párrafo 1: *Oración temática* *Comparación*	La poesía chicana y la poesía tradicional utilizan el mismo tipo de estrofa. 1. detalle 1 2. detalle 2 3. detalle 3

Párrafo 2:	La poesía chicana y la poesía lírica usan los mismo temas.
Oración temática	1. detalle 1
Comparación	2. detalle 2
	3. detalle 3
Párrafo 3:	Los dos tipos de poesía utilizan lenguaje metafórico.
Oración temática	1. detalle 1
Comparación	2. detalle 2
Párrafo 4:	La poesía chicana sólo se aparta de la poesía tradicional en algunos
Oración temática	aspectos.
Contraste	1. detalle 1
	2. detalle 2
Conclusión:	Resumen de las ideas principales

Vocabulario útil

Las palabras y expresiones que se incluyen a continuación pueden ser de utilidad al escribir una comparación o un contraste.

VOCABULARIO PARA HACER COMPARACIONES O CONTRASTES	
a diferencia de	lo mismo... que...
al contrario	más/menos... que...
al igual que	no obstante
asemejarse a	parecerse a
comparten las mismas características	ser diferente de
	ser distinto a
de la misma manera	tan... como...
del mismo modo	tanto... como...
diferenciarse de	tener algo en común
en cambio	
en contraste con	

La exposición que utiliza la comparación y el contraste: Modelo y análisis

Modelo

La viola

Párrafo 1:	De todos los instrumentos de la orquesta, la viola es uno de los más
Introducción	menospreciados y olvidados. Mucha gente ni siquiera puede identificar
Tesis	este instrumento. Por lo general, puede decirse que la viola es un violín

grande ya que se parece bastante a éste. Sin embargo hay diferencias muy importantes en cuanto al sonido que emiten.

Párrafo 2:
Oración
temática
Comparación

En ciertos aspectos, la viola parece ser idéntica al violín. Los dos instrumentos están hechos de madera y tienen la misma forma. Ambos tienen cuatro cuerdas y se tocan con un arco. Ambos tienen cuatro clavijas y un puente. Los dos tienen una construcción semejante.

Párrafo 3:
Oración
temática
Contraste

Aunque son casi idénticos en su construcción, la viola se diferencia del violín en varios aspectos importantes. En primer lugar, la viola es bastante más grande que el violín; este tamaño requiere que el músico tenga más fuerza en la mano y en la muñeca para alcanzar las posiciones de las notas altas. El tono de la viola es más bajo que el del violín. Así la viola se destaca en las escalas intermedias, es decir, en aquéllas que no son ni tan altas como las que se identifican con el violín ni tan bajas como las que se identifican con el violoncelo. El arco de la viola es más grande y más pesado que el arco del violín. El resultado de esta diferencia es un tono más melancólico en la viola. Finalmente, a la cuerda de *do mayor* de la viola le falta el timbre de las cuerdas del violín; esta falta se supera con el uso de tonos sostenidos y crescendo-diminuendos.

Conclusión:

La viola, entonces, es casi idéntica al violín en estructura y forma, pero en otros aspectos es bastante diferente. Es más grande, menos profunda y tiene un timbre diferente. También la viola se toca con un arco más pesado. Estas diferencias dan como resultado un tono único que hace de la viola un instrumento valiosísimo dentro de la orquesta sinfónica.

(Jane Lorenzen)

Análisis

Tema

Aquí se hace una comparación y contraste entre dos instrumentos musicales. El propósito de la exposición es hablar de la viola, un instrumento poco conocido, dándolo a conocer por medio de una comparación con otro instrumento más conocido.

Organización

Esta exposición sigue la estructura que ya se ha señalado. La introducción incluye algunos comentarios breves sobre el tema y luego pasa a presentar la tesis. La tesis pone de manifiesto que se va a hablar de la viola haciendo una comparación y contraste con el violín. La tesis está escrita en dos oraciones y hace uso de una definición del tipo: clase + diferenciación.

El primer párrafo es bastante breve ya que comenta a grandes rasgos las semejanzas entre la viola y el violín. Aquí se enfocan aspectos superficiales que podría captar la persona que poco conoce de instrumentos musicales.

El segundo párrafo es más extenso que el primero. En él se habla de los efectos que ocasionan las diferencias en tamaño entre los dos instrumentos. Se habla muy superficialmente del tono y del timbre de la viola y del violín.

La conclusión sencillamente repite las ideas presentadas en los dos párrafos principales y concluye con una evaluación del escritor sobre el valor de la viola en la orquesta sinfónica.

Punto de vista y tono

Esta exposición va dirigida a un lector que no tiene una sólida educación musical. No va dirigida a un grupo de virtuosos, es decir, expertos. Tampoco forma parte de un libro de texto que se propone explicar las diferencias entre la viola y el violín desde un punto de vista técnico. La actitud del escritor hacia el tema es, como en la mayor parte de las exposiciones, en gran parte neutral. Con excepción del comentario final y del juicio que hace en la introducción sobre el menosprecio de la viola no se refleja su opinión.

El escritor de esta exposición da por sabido el hecho de que el lector a quien él se dirige ya sabe lo que es un violín. No es necesario, entonces, incluir muchos detalles sobre el violín. Basta con referirse a detalles que sean de fácil comprensión para el lector que no sabe mucho de música.

La comparación y el contraste: Resumen

Se utiliza la técnica de comparación y/o contraste cuando se desea señalar las semejanzas y/o diferencias entre dos o más conjuntos o entidades. La comparación y/o el contraste puede ser el enfoque principal de una exposición o puede usarse tanto para desarrollar una definición como para escribir un análisis o una clasificación.

Antes de empezar a escribir una exposición que utilice la comparación y/o el contraste, el escritor debe saber analizar qué es lo que persigue al usar esta técnica de desarrollo. Supongamos que un escritor quiere hablar sobre el tema de las ventajas de estudiar español. Una pregunta de enfoque que lo llevaría a expresar su tesis sería: «¿Qué ventajas presenta para el alumno universitario el cursar estudios de lengua española?» La respuesta a esta pregunta formaría la tesis de su exposición:

El cursar estudios de lengua española presenta muchas ventajas para el alumno universitario.

El escritor podría desarrollar este tema enumerando todas las ventajas que se le ocurrieran. Pero supongamos que éste se dirige a un grupo de lectores que *ya* están convencidos de que el estudio de lenguas extranjeras en sí es importante. Sólo se trata de presentar las razones por las cuales debe elegirse el idioma español en particular. En este caso, sería muy útil aproximarse al tema utilizando una comparación de las ventajas de estudiar español en relación con las ventajas de estudiar otras dos lenguas, por ejemplo, el francés y el alemán. El propósito del escritor sería entonces informar al lector sobre las ventajas de estudiar español, comparándolas con las ventajas de estudiar otras dos lenguas modernas. La tesis de la exposición sería entonces:

Comparado con el francés y el alemán, es más ventajoso estudiar español.

El propósito por el cual se va a utilizar la técnica de comparación y/o contraste es de primera importancia para el escritor. Debe recordarse que ésta es sólo una forma de enfatizar o presentar un tema. Su selección depende de lo que el escritor se proponga lograr.

Antes de decidir emplear esta técnica, deben hacerse las siguientes preguntas.

- ¿Sería útil el uso de la comparación y/o el contraste para ilustrar algún aspecto del tema que se presenta?

- ¿De qué o para qué serviría este uso? ¿Qué se lograría?
- ¿Cuáles son las diferencias y semejanzas entre las entidades que se presentan?

Antes de comenzar a escribir: Ejercicios

A. **Trabajo de la clase entera.** Discutan los temas a continuación y decidan cuáles se prestan a la comparación y/o el contraste.

Temas:

El cuerpo humano	Los sistemas políticos
La fotosíntesis	Una noche inolvidable
La niñez	El romanticismo
Mi primer novio (primera novia)	Las articulaciones del cuerpo
La vida de campo	La guerra
Las armas de fuego	El pintor y el fotógrafo
La vida en la frontera	La carta comercial

¿Qué comparaciones o contrastes se pueden hacer en cada caso? ¿A qué tipo(s) de desarrollo se prestan los otros temas? ¿Cómo se pueden organizar los datos en una exposición?

B. **Trabajo en pequeños grupos**

1. Divídanse en grupos de tres o cuatro. Cada grupo debe escoger uno de los temas anteriores y preparar un esquema para una comparación y/o un contraste.
   - ¿Cuál es el propósito de la exposición?
   - ¿Cuál sería la tesis?
   - ¿Cuántas divisiones tendrá la exposición? ¿Cuáles son?
   - ¿Cuáles son las oraciones temáticas?

2. Pasen el esquema que han preparado a otro grupo que a su vez le agregará el título y la introducción. Luego se pasará a un tercer grupo que le agregará la conclusión.

3. Júntense todos para comentar los esquemas que han preparado. Decidan si cada esquema refleja el propósito expresado y si los párrafos de introducción y conclusión son apropiados.

ETAPA DOS: LA REDACCION

Cómo se escribe una exposición que contenga una comparación y/o un contraste

El proceso de escribir una exposición que contenga una comparación y/o un contraste se basa en los pasos que se detallan a continuación. Examine cada paso cuidadosamente antes de escribir su composición.

1. Seleccione un tema general.

2. Seleccione un aspecto del tema que pueda explicarse haciendo una comparación y/o un contraste con otra entidad u otro aspecto del tema.

3. Haga una lista que contenga dos columnas. En cada columna anote las características de los objetos/ideas/aspectos que se comparan.

4. Incluya en la lista los aspectos que tengan en común las dos entidades. Es necesario que haya un balance exacto entre las dos columnas. Sólo se incluye una característica de la entidad A si existe una característica paralela en la entidad B con la cual pueda hacerse una comparación o contraste.

5. Examine las características de las dos entidades y escoja las que presentará. Aunque cada característica tenga su paralelo, no es necesario que las presente en forma idéntica. Si se trata de una entidad conocida, puede esperarse que el lector ya sepa algo de sus características sobresalientes. Puede incluir más detalles sobre la entidad desconocida.

6. Decida a quién va a dirigir la exposición.

7. Escriba una tesis que refleje la comparación y/o contraste que se hará.

8. Elabore un esquema y organice la exposición utilizando uno de los dos tipos de estructura.

9. Escriba una oración temática para cada uno de los párrafos de apoyo.

10. Incluya una conclusión que haga un resumen de las semejanzas o diferencias que hay entre las dos entidades.

11. Escriba un borrador.

12. Escriba un título para la exposición.

13. Revise el contenido.

14. Revise los aspectos gramaticales.

15. Pase el trabajo en limpio.

Tarea

Escriba una exposición usando la técnica comparación y/o contraste. Siga estas indicaciones:

1. Haga de cuenta que Ud. habla de algo que el lector no conoce.

2. Informe al lector acerca de lo que Ud. desea presentar comparándolo o contrastándolo con algo que el lector ya conoce.

Incluya con su ensayo:

1. El propósito de su presentación

2. La identificación de cada una de las partes: introducción, párrafo **1**, párrafo **2**, etcétera

3. La identificación de la comparación y/o el contraste

4. La tesis y las oraciones temáticas subrayadas

ETAPA TRES: LA REVISION

Primer paso: Revisión de la estructura y de la organización

La organización del escrito en su totalidad
Revise la composición ya escrita mediante las siguientes preguntas.

- ¿Cuál es el tema general de mi escrito?
- ¿Cuál es la tesis de mi escrito?
- ¿Refleja la tesis el hecho de que he utilizado la comparación y/o el contraste?
- ¿Qué tipo de estructura he utilizado?
- ¿He incluido una introducción? ¿Qué propósito tiene?
- ¿Cuántos párrafos de apoyo contiene mi composición? ¿Refleja cada uno de los párrafos un aspecto diferente?
- ¿He incluido una conclusión? ¿Resume ésta los puntos importantes?
- ¿A quién va dirigido mi escrito? ¿Se refleja este hecho en el tono? ¿en el título?

La organización a nivel del párrafo
Examine cada uno de los párrafos verificando los siguientes aspectos.

- ¿Contiene cada uno de los párrafos una oración temática?
- ¿Se relacionan todas las oraciones del párrafo con esta oración?
- ¿He incluido frases apropiadas para marcar las transiciones entre párrafos?

Segundo paso: Revisión de los aspectos gramaticales

Los pronombres relativos
Cuando dos oraciones simples comparten un mismo elemento, es posible reemplazar uno de estos elementos con un pronombre relativo y unir las dos oraciones en una sola.

Van a leer **el libro. El libro** fue escrito por García Márquez. → Van a leer **el libro que** fue escrito por García Márquez.

No conocen a **la mujer. La mujer** acaba de → No conocen a **la mujer que** acaba de llegar.
llegar.

Los planes son ultrasecretos. Hablan de → **Los planes de que** hablan son ultrasecretos.
los planes.

En inglés hay contextos en que se pueden omitir los pronombres relativos. En español, los pronombres relativos siempre tienen que expresarse. Como regla general se puede decir que si en cierto contexto es *posible* usar un pronombre relativo en inglés, será *necesario* usarlo en español.

¿Cómo se llamaba la película **que** vieron?   *What was the name of the film (that) they saw?*

Los pronombres relativos en español son:

que	*that, which, who*
quien, quienes	*who, whom*
el que, los que, la que, las que	*that, which, who, whom*
el cual, los cuales, la cual, las cuales	*that, which, who, whom*
lo que, lo cual	*which*
cuyo, cuyos, cuya, cuyas	*whose*

El uso de los relativos depende de muchos factores: de la naturaleza del elemento reemplazado (si se refiere a una persona o a una cosa), del contexto del discurso (si es formal o informal, si está claro o si existe la posibilidad de ambigüedad), del contexto lingüístico en que la nueva oración se coloca (si viene después de una preposición, si forma parte de una cláusula explicativa o de una cláusula especificativa)[1] y, hasta cierto punto, de las preferencias personales de quien escribe. En este sentido hay cierta semejanza con el uso de los relativos en inglés: hay contextos en que únicamente puede usarse *uno* de los relativos *that, which, who* y otros en que cualquiera de *los tres* puede usarse indistintamente. A continuación se presenta una guía general para el uso correcto de los relativos. Cuando se indica la posibilidad de usar ciertas formas indistintamente, será conveniente tener presente estas reglas.

1. **Que** y **quien** son las formas más simples y, por lo tanto, las formas preferidas en los contextos informales (conversación, cartas personales).

2. Ya que las formas **el que** y **el cual** pueden indicar el género y el número del sustantivo a que se refieren, estos relativos se prefieren cuando existe la posibilidad de ambigüedad, o sea, cuando es necesario hacer una distinción entre dos posibles antecedentes.[2]

---

[1]Una cláusula explicativa añade información extra a la oración y siempre va entre comas. La información de la cláusula especificativa es necesaria y va directamente unida al sustantivo.

Cláusula explicativa: Ese hombre, **que vive a unos diez kilómetros de nuestra casa,** siempre pasa por aquí a las siete de la mañana.

Cláusula especificativa: El hombre **que vimos ayer** es un gran poeta.

[2]El antecedente es el sustantivo a que se refiere el pronombre relativo. Por ejemplo, en la oración «El hombre que vimos es un gran poeta», **el hombre** es el antecedente del relativo **que.**

Hablaron con las hijas de los Gómez, **las cuales** viven ahora en Madrid.	*They spoke with the Gómez daughters, who now live in Madrid.*
Hablaron con las hijas de los Gómez, **los cuales** viven ahora en Madrid.	*They spoke to the daughters of the Gómezes, who now live in Madrid.*

3. **El cual** es el relativo más «elegante» y por eso se prefiere en los contextos más formales (discursos, ensayos).

A. *Para referirse a personas*

1. En las cláusulas especificativas, el único pronombre que se puede usar es **que**.

Los inmigrantes **que** llegan a este país vienen de todas partes del mundo.	*The immigrants who come to this country come from all parts of the world.*
Invitaste a todas las personas **que** conoces, ¿verdad?	*You invited everyone that you know, right?*

2. Cuando se trata de las cláusulas explicativas, se usa **que** en la conversación, pero en la lengua escrita se encuentran a menudo **quien** y las formas **el que** y **el cual**.

Los obreros, **que/quienes/los que/los cuales** pidieron un aumento de sueldo hace varios meses, presentaron hoy su nuevo contrato.	*The workers, who requested a pay raise several months ago, today presented their new contract.*
Entrevistaron a la víctima, **que/quien/la que/la cual** prefirió no ser identificada, inmediatamente después del accidente.	*They interviewed the victim, who preferred not to be identified, immediately after the accident.*

3. En los dos tipos de cláusulas, después de las preposiciones se prefiere el uso de **quien**, aunque también es posible el uso de las formas **el que** y **el cual**.

Los indios, con **quienes/los que/los cuales** había vivido varios años, son conocidos tejedores.	*The Indians, with whom he had lived for several years, are famous weavers.*
La mujer detrás de **quien/la que/la cual** todos esconden su ratería es nada menos que la presidente de la compañía.	*The woman behind whom they all hide their petty thievery is none other than the president of the company.*

Note que en español, la preposición siempre tiene que colocarse delante del relativo, a diferencia del inglés, que en el *uso informal* permite la separación del relativo y de la preposición.

¿Es ése el hombre **de quien** estás enamorada?	*Is that the man **that** you're in love **with?***

4. Para expresar la idea de *the one who* o *those who*, se usan las formas apropiadas de **el que**.

Después de varios años, **los que** habían aprendido inglés empezaron a adaptarse a la cultura nacional.	*After several years, the ones who had learned English began to adapt themselves to the national culture.*

La hija de Gómez, **la que** ganó un premio este año, no me impresionó mucho.

Gomez's daughter—the one that won a prize this year—did not impress me much.

5. En todos los contextos, para indicar posesión se usa **cuyo**. Note que **cuyo** concuerda en número y género con lo poseído, no con la persona que posee.

Esa mujer, **cuyos** hijos ganan más de $500.000 al año, vive en la miseria.

That woman, whose children earn more than $500,000 a year, lives in poverty.

El escritor de **cuyas** novelas todavía no hemos hablado nació en Nicaragua.

The writer of whose novels we have not yet spoken was born in Nicaragua.

B. *Para referirse a cosas*

1. En las cláusulas especificativas, el único pronombre cuyo uso es posible es **que**.

Van a presentar un programa **que** describe las enfermedades cardíacas.

They are going to show a program that describes heart diseases.

Las excusas **que** le ofrecieron no tenían fundamento.

The excuses that they offered her had no basis in fact.

2. En las cláusulas explicativas, se usa **que** en la conversación, pero en la lengua escrita son frecuentes las formas **el que** y **el cual**.

Estos problemas, **que/los que/los cuales** ni siquiera existían hace cincuenta años, ahora amenazan toda la civilización moderna.

These problems, which did not even exist fifty years ago, now threaten all of modern civilization.

Su última película, **que/la que/la cual** se filmó en Grecia, recibió un premio internacional.

Her last film, which was filmed in Greece, won an international prize.

3. En las cláusulas especificativas, después de las preposiciones **a, de, en** y **con**, se prefiere usar **que** y **el que** aunque en la lengua escrita también se usa **el cual**. En las cláusulas explicativas, es más frecuente el uso de **el cual** después de estas preposiciones.

La película de **que/la que/la cual** hablas no se filmó en Grecia sino en España.

The film you are talking about was not filmed in Greece, but in Spain.

Es una historia triste en **que/la que/la cual** la heroína muere de tuberculosis.

It is a sad story in which the heroine dies of tuberculosis.

Esa película, de **la cual** ya todos han oído hablar, no se filmó en Grecia sino en España.

That film, about which you have all heard, was not filmed in Greece, but in Spain.

La historia, en **la cual** la heroína muere de tuberculosis, es muy triste.

The story, in which the heroine dies of tuberculosis, is very sad.

4. En las dos cláusulas se pueden usar **el que** o **el cual** después de las preposiciones cortas (**sin, para, hacia**). Después de las preposiciones de más de dos sílabas (**durante, después de, a través de**), sólo se usa **el cual**.

El sol es una fuente de energía sin **la que/ la cual** no podemos sobrevivir.	*The sun is a source of energy without which we cannot survive.*
La operación, para **la que/la cual** todos se habían preparado durante meses, iba a empezar a las 10:30.	*The operation, for which everyone had prepared for months, was to begin at 10:30.*
Hicieron una presentación durante **la cual** todos los asistentes se quedaron dormidos.	*They made a presentation during which everyone fell asleep.*
Su presentación, durante **la cual** todos los asistentes se quedaron dormidos, fue muy aburrida.	*Their presentation, during which everyone fell asleep, was very boring.*

5. Para expresar la idea de *the one that* o *those that*, se usan las formas apropiadas de **el que**.

Los resultados científicos, **los que** acaban de ser presentados, representan la culminación de muchos años de investigación.	*The scientific results—the ones that have just been presented—represent the culmination of many years of research.*
La universidad, **la que** está en Salamanca, va a patrocinar un simposio literario.	*The university—the one in Salamanca—is going to sponsor a literary symposium.*

6. En todos los contextos, para indicar posesión, se usa **cuyo**.

Esa es la catedral **cuya** bóveda fue diseñada por Miguel Angel.	*That is the cathedral whose dome was designed by Michelangelo.*
En un lugar de la Mancha de **cuyo** nombre no quiero acordarme...	*In a place in La Mancha, whose name I don't wish to recall . . .*

C. *Para referirse a ideas y a otras abstracciones*

1. En las cláusulas explicativas y después de las preposiciones cortas se usan **lo que** o **lo cual**. Después de las preposiciones de más de dos sílabas sólo se usa **lo cual**.

La conquista fue muy rápida, **lo que/lo cual** se explica en parte por las creencias supersticiosas de la población.	*The conquest was very rapid, which is explained in part by the superstitious beliefs of the population.*
Sus acciones ofendieron a muchos, por **lo que/lo cual** le dieron una reprimenda pública.	*His actions offended many, for which he was given a public reprimand.*
Nadan dos millas y media, recorren otras 112 en bicicleta y luego corren un maratón, después de todo **lo cual** tienen derecho a llamarse hombres (y mujeres) de hierro.	*They swim 2.5 miles, cycle another 112, and then run a marathon, after all of which they have a right to call themselves men (and women) of iron.*

2. En las cláusulas especificativas sólo es posible usar **lo que.** En este contexto **lo que** equivale a *what* o *that which* en inglés.

No entiendo nada de **lo que** Ud. dice.

I don't understand anything of what you are saying.

Lo que más nos molesta es la manera en que tratan a sus empleados.

What bothers us most is the way in which they treat their employees.

Ejercicios

A. Escoja el relativo que *mejor* corresponda a cada contexto, indicando a la vez aquellos cuyo uso es posible pero menos frecuente.

1. Aun las personas (que/quienes/las que) han estudiado este fenómeno no lo entienden del todo.

2. Nunca encontraron el tesoro (el que/que/el cual) los piratas habían escondido.

3. El presidente siempre regala los bolígrafos con (que/los que/ los cuales) firma los documentos importantes.

4. Hoy en día un matrimonio típico dura menos de diez años, (que/el que/lo cual) representa un grave peligro para la familia como unidad social.

5. La puerta por (que/la que/la cual) entraron era baja y estrecha.

6. El reinado de los Reyes Católicos, durante (el cual/lo cual/el que) se unificó toda la península ibérica, presenció varios acontecimientos históricos de gran importancia.

7. El antecedente a (que/el que/el cual) se refiere es un objeto.

8. Los aficionados, (que/quienes/los cuales) habían hecho cola durante toda la noche, no pudieron entrar hasta el mediodía.

9. El castillo hacia (que/el que/el cual) caminaban pertenecía a un duque (que/quien/el que) tenía fama de ser muy cruel.

10. Esa es la mujer de (que/quien/la que) habíamos leído tanto en el periódico.

B. Junte las oraciones por medio de pronombres relativos.

1. El puente de San Francisco es muy largo. El puente es conocido en todo el mundo.

2. Compré un aparato. Puedo pelar patatas con el aparato.

3. Inventaron un aparato complicado. Es posible guiar los rayos láser con el aparato.

4. Las ventanas de los coches son electrónicas. Diseñaron las ventanas este año.

5. Todas estas parejas todavía mantienen una relación amigable. Las parejas antes estaban casadas.

6. En el libro se describe un proceso. Mediante el proceso se extrae la sangre del cuerpo para purificarla.

7. Todos los procesos tienen importantes repercusiones en las personas. Nos hablaron de los procesos. Las personas sufren de enfermedades cardíacas.

8. El árbol fue destruido durante una tempestad. El ladrón había escondido las joyas en el árbol.

9. La duquesa ya se había muerto. El ladrón había robado las joyas de la duquesa. Eso creó problemas jurídicos.

10. Existen muchos fenómenos. Las explicaciones de los fenómenos no se basan en la ciencia.

C. Exprese en español.

1. These books, which were only discovered last year, are very ancient.

2. This is a rule with which speakers of English who do not know other languages have many problems.

3. There was a great temple in front of which they had built an altar on which to sacrifice their victims.

4. That dog, the one that just barked, belongs to the lady who is wearing the green dress.

5. Much of what you say is correct, which is due to the excellent education you have had.

6. The library of this building, which (*library*) was built in 1930, is, as far as we know, one of the largest in the world.

Tercer paso: Revisión de los aspectos gramaticales estudiados en capítulos anteriores

Después de revisar los usos de los pronombres relativos, presentados en este capítulo, también revise:

1. El uso de **ser** y **estar**

2. El uso del pretérito y del imperfecto

3. El uso de la voz pasiva con **ser**, la voz pasiva refleja y la construcción pasiva impersonal

4. El uso del artículo definido e indefinido

5. El uso del subjuntivo: los aspectos ya estudiados

Cuarto paso: Revisión de la ortografía

Después de revisar los aspectos gramaticales estudiados, repase lo escrito, buscando los errores de acentuación y de ortografía.

Quinto paso: Redacción de la versión final

Escriba una versión final de su trabajo ya con las correcciones y los cambios necesarios.

Capítulo 9: Síntesis

ETAPA UNO: ANTES DE REDACTAR

La argumentación

El argumento es un razonamiento que se emplea para probar o demostrar una proposición, o bien para convencer a otro de aquello que se afirma o se niega. La argumentación, conocida también como el ensayo argumentativo, es el tipo de escrito que tiene como propósito el convencer o persuadir al lector a compartir la interpretación u opinión del escritor sobre alguna idea, hecho u obra.

La argumentación se puede desarrollar utilizando todas las técnicas de organización que ya se han presentado; o sea, la descripción, la narración y la exposición (con sus varias estrategias de desarrollo: definición, comparación y contraste, análisis, clasificación). Generalmente se utilizan varias estrategias en el mismo ensayo. Es decir, teóricamente, pueden utilizarse *todas* las técnicas de organización en un solo ensayo. Por ejemplo, para convencer o persuadir al lector, se puede empezar por narrar un hecho en el cual se incluya una descripción. A continuación puede darse una definición de los conceptos que se presentan para luego pasar a hacer un análisis o clasificación del hecho mismo y finalmente hacer una comparación o contraste con otras ideas. Por lo común, sin embargo, la argumentación utiliza aquellas estrategias que son útiles para persuadir al lector.

El ensayo argumentativo empieza asumiendo una postura fundamental, que es la que sirve a la vez como tesis del ensayo. El paso más importante, entonces, en el proceso de escribir un ensayo de este tipo es el planteamiento preciso de esta postura fundamental.

La postura fundamental generalmente contiene dos partes: en la primera se admite que existen posturas contrarias; en la segunda se presenta la postura que asumirá el ensayo. Por ejemplo:

> A pesar de la crítica severa del sistema de *tenure* en las universidades norteamericanas, existen fuertes razones para mantenerlo vigente.

Para defender con efectividad, por escrito, una postura fundamental importa saber lo más que se pueda acerca de la postura contraria para así poder reconocer (y contradecir) las objeciones que existan. Es esencial convencer al lector de que se han considerado todas las opiniones sobre el tema y que se ha llegado a la conclusión racional de que la postura que se defiende es la más acertada.

Al desarrollar el ensayo argumentativo, importa justificar o apoyar la postura fundamental. En algunos casos, es útil dar al lector una idea de la trayectoria del problema, del origen del debate, etcétera. Puede emplearse cualquiera de los métodos que se han estudiado. A veces puede ser de gran utilidad incorporar técnicas descriptivas o narrativas si se desea involucrar las emociones del lector. La narración de un episodio real podría servir para incluir tales técnicas. El lenguaje que se debe usar debe ser fuerte, claro y vigoroso; pero no debe parecer cruel o vengativo. Con frecuencia puede estructurarse un ensayo argumentativo empezando con la idea de menor importancia para luego pasar a los puntos más importantes. Finalmente, se llega a una conclusión que reitera la postura fundamental o propone una solución.

Como en cualquier otro tipo de escrito, en éste también es de gran importancia saber tanto como sea posible acerca del lector a quien va dirigido el ensayo argumentativo. Aunque la postura fundamental no cambia necesariamente, el apoyo o justificación que se usa para convencer se escoge de acuerdo con el lector. Por ejemplo, si lo que se propone en el ensayo es el control de los delitos violentos en una comunidad, los detalles usados para convencer a un grupo de ancianos jubilados serán diferentes de los que se escojan para convencer a un grupo de comerciantes.

Vocabulario útil
Las palabras y expresiones que se incluyen a continuación pueden ser útiles en la argumentación.

VOCABULARIO PARA LA PRESENTACION DE ARGUMENTOS	
a causa de	los estudiosos de la materia (han concluido que...)
dar por descontado	
de antemano	los investigadores...
en su mayor parte	los partidarios...
es evidente que	los peritos en la materia...
es lógico pensar que	los proponentes...
está claro que	mantener (ie) que
estar de acuerdo con	opinar que
los conocedores (han dicho que...)	proponer que
los contrincantes (opinan que...)	según (los conocedores, expertos...)

La argumentación: Modelo y análisis

Modelo

El cine infantil, un huérfano que pide ayuda

El panorama del cine infantil no puede ser más desalentador. La realidad, la triste realidad, es que en nuestro país no existe cine infantil. Existen, sí, películas con niño o autorizadas para todos los públicos, pero no cine infantil.

Para empezar, el cine infantil está hecho por adultos. Por tanto, la visión de los problemas y del mundo infantil está siempre «adulterada». Los niños reciben lo que nosotros creemos y pensamos que es su mundo, sin que ellos, por su parte, tengan posibilidad, porque nadie les enseña ni les facilita los medios de expresar su mundo. De decir cuáles son sus problemas y qué piensan del medio que les rodea. Son unos seres condenados al silencio y a la incomunicación.

Al niño se le aleja y esconde su propia realidad para meterle dentro de un mundo falso y pueril. Porque la mayoría de las películas infantiles son estúpidas, pueriles y nada tienen que ver con la realidad. Son películas blandas, sentimentaloides y lacrimógenas. Eso o la violencia más descarnada y absurda.

No existe otra alternativa. El mundo es una Disneylandia feliz o es un desastre en el que los problemas sólo pueden solucionarse—tampoco, puesto que los hombres de Harrelson tienen que seguir matando semana tras semana y Jerry nunca escapa a la persecución de Tom—a puñetazos o a tiros.

«Encontrar un lenguaje cinematográfico adecuado a la capacidad intelectual del niño para así facilitar su comprensión de las imágenes que ve en la pantalla» es uno de los principales problemas expuestos por el grupo *Nueve y Medio*, miembro de la Federación Centro de Medios de Comunicación Audiovisuales Infantiles y Juveniles, durante el desarrollo de la Segunda Escuela de Verano organizada por Acción Educativa.

Incluir el lenguaje cinematográfico dentro de los programas escolares de EGB es hoy en día una necesidad ineludible, que hay que contemplar dentro de una alternativa global de la política educativa del país obligado, si quiere avanzar, a cambiar un sistema docente desfasado e impotente. Porque incluir el lenguaje cinematográfico como una asignatura más que hay que estudiar y aprobar es hacerle un flaco servicio al cine y al niño.

Si saber leer y escribir es lo primero que se enseña en las escuelas y algo totalmente necesario para poder andar por la vida, saber «leer» y entender las imágenes es tan importante y necesario o más. Porque hoy se ve más que se lee.

Pero los problemas del cine infantil no se limitan únicamente al ámbito intelectual. No se puede olvidar que el cine es una industria y como tal funciona sujeta a unas leyes económicas de rentabilidad.

Aunque pueda parecer extraño, ya que tiene un público potencial numeroso e incondicional, el cine infantil no es rentable. ¿Razones de esta paradoja? La escasez de salas dedicadas a proyectar películas infantiles y la prácticamente nula producción de este tipo de cine. Por este motivo, el distribuidor ha de importar películas, para lo cual precisa de unas licencias de importación cuyo número es limitado. Por razones obvias, estas licencias son utilizadas por el distribuidor para traer películas de éxito asegurado que casi nunca son infantiles, excepción hecha de casos como *Heidi*, *Marco* o el deformante «tío» Disney, por desgracia.

Ante esta situación, el niño sólo tiene una opción: sentarse ante el televisor para «tragar» una programación infantil manipuladora que le convierte en un espectador totalmente pasivo, acrítico y sin ninguna posibilidad de desarrollar su capacidad creativa.

La solución a este problema, como muy bien apuntan los miembros del grupo *Nueve y Medio*, hay que contemplarla desde dos aspectos: por un lado, la revisión y reajuste de la Junta de Calificación de Menores, formada por los mismos censores de siempre, organismo encargado de decidir qué películas son especiales para menores y, por tanto, han de beneficiarse de un tratamiento fiscal especial. Por otro lado, urge variar los canales de exhibición del cine infantil. Para ello, el movimiento ciudadano, a través de sus entidades de gestión y administración, ha de controlar todos los aspectos de la exhibición y distribución del cine infantil, ya que son sus hijos, precisamente, los directamente afectados por el problema.

(de *El país semanal*, 30 octubre de 1977, J. Ignacio Ruiz)

Análisis

Tema

Se habla aquí del cine infantil, de la situación actual en cuanto a las películas dirigidas a los niños, de las causas de tal situación y, finalmente, de una posible solución.

Organización

Este ensayo argumentativo se divide en dos partes principales:

1. La presentación del problema (diez párrafos)

2. La presentación de la solución (un párrafo)

Su estructura se puede captar a través del siguiente esquema.

Párrafo 1:   Planteamiento de la tesis/postura fundamental: Existen, sí, películas con
Introducción: niño o autorizadas para todos los públicos, pero no cine infantil.

Primer apoyo: La situación actual se describe

Párrafo 2:   El cine está hecho por adultos.
Párrafo 3:   Se escoje entre las películas estúpidas y la violencia.
Párrafo 4:   Ejemplos: los hombres de Harrelson o Tom y Jerry.

Segundo apoyo: Por qué es importante el lenguaje cinematográfico

Párrafo 5:   La importancia del lenguaje cinematográfico se estudia seriamente.
Párrafo 6:   El lenguaje cinematográfico en los programas escolares.
Párrafo 7:   El saber leer un texto comparado con saber «leer» y entender las imágenes: su importancia.

Tercer apoyo: El cine como industria

Párrafo 8:   El cine es una industria.
Párrafo 9:   Razones por las cuales el cine infantil no es rentable.

Cuarto apoyo: el resultado de todo esto para el niño

Párrafo 10:   El niño sólo tiene una opción.

Solución

Párrafo 11:
Conclusión

La solución... hay que contemplarla desde dos aspectos...

Tono

La argumentación, que en este ensayo va dirigida en parte a involucrar las emociones del lector, incluye un lenguaje emotivo. En este ensayo se encuentran, entre otros, los siguientes ejemplos:

- «La realidad, la triste realidad...»
- «Son unos seres condenados al silencio y a la incomunicación.»
- «...es hacerle un flaco servicio al cine y al niño.»
- «...o el deformante *«tío»* Disney, por desgracia.»

Aspectos estructurales

Aproximaciones a la argumentación

La argumentación generalmente se escribe partiendo de una de dos posturas y, por lo tanto, hay dos tipos de ensayo argumentativo. A continuación se presentan en forma esquemática.

1. *El ensayo que presenta un problema y una solución.* Este tipo de ensayo presenta un problema existente, sus causas y efectos, y termina presentando una solución. El modelo incluido en este capítulo es de este tipo.

Postura fundamental: Esto es un problema

PROBLEMA	SOLUCION
Esto no	Esto sí
Apoyo	
Apoyo	

Ejemplo esquemático

Tema:	La educación superior
Introducción: *Postura fundamental/tesis* *Definición del problema*	Los prejuicios sobre la educación superior son nocivos ya que dan como resultado el limitar el acceso a ésta.
Párrafo 1: *Apoyo: mención de tres prejuicios*	La educación es para una minoría selecta. Su calidad disminuye si se imparte a muchos. Pocos tiene la aptitud necesaria.

Párrafo 2: *Apoyo*	Discusión de las causas de los prejuicios existentes
Párrafo 3: *Apoyo*	Discusión de los efectos de tales prejuicios
Párrafo 4: *Solución*	Campaña publicitaria Educación de los padres
Párrafo 5: *Conclusión*	Posibles beneficios mediante un cambio de actitud

2. *El ensayo que presenta varias posturas.* Este tipo de ensayo presenta diferentes posturas que se pueden asumir con respecto a un tema o idea. Como mínimo, se presenta una postura contraria y una postura que se defiende.

Postura fundamental: Esta es la postura correcta

POSTURA CONTRARIA
Ejemplo
Ejemplo

POSTURA QUE SE DEFIENDE
Apoyo
Apoyo

Ejemplo esquemático

Introducción: *Postura fundamental/tesis*	Aunque muchos creen que el aborto es inmoral, hay razones por las cuales debe defenderse.
Párrafo 2: *Ejemplo*	La postura actual de la Iglesia Católica
Párrafo 3: *Ejemplo*	La postura de los partidarios de una enmienda a la constitución norteamericana
Párrafo 4: *Ejemplo*	La postura de otras iglesias

Postura que se defiende

Párrafo 5: *Apoyo*	La postura de la Iglesia Católica ha cambiado con el transcurrir de los siglos. El aborto era permisible.
Párrafo 6: *Apoyo*	En casos de violación o incesto se justifica el aborto.
Párrafo 7: *Apoyo*	La mujer tiene el derecho de disponer de su cuerpo.
Párrafo 8: *Conclusión*	Repetición de la postura que se defiende

Antes de comenzar a escribir: Ejercicios

A. *Análisis del tono.* Lea los párrafos que siguen. Decida cuáles tratan de influenciar al lector. ¿Cuál es la actitud del autor hacia su tema? ¿Qué técnicas usa para tratar de influenciar al lector? ¿Se puede identificar al lector?

1. La ética y la moralidad españolas—al compás de otros países—han relajado mucho su coacción en los últimos años, pero sin embargo permanece el tabú. «Borracho» sigue siendo un insulto. «Tener mal vino» refiriéndose a alguien, es una advertencia para evitarle. La sociedad anglosajona, tan severa para muchos aspectos de la vida moral, tolera, acepta y perdona al huésped que se pone malo en una reunión. Le parece algo natural en la vida de un hombre. La sociedad española, mucho más laxa en comprender otros pecados—especialmente, como hemos visto, el de la Lujuria—se niega rotundamente a tolerar al espectáculo de un hombre privado de sus sentidos, y un invitado que así se pone puede estar bien seguro que no volverá a serlo.

(de El español y los siete pecados capitales, Fernando Díaz-Plaja)

2. El Nuevo Mundo es el horno donde han de fundirse todas las razas, donde se están fundiendo. La obra es larga, los medios lentos; pero el fin será seguro. Fundir razas es fundir almas, caracteres, vocaciones, aptitudes. Por lo tanto, es completar. Completar es mejorar.

La ciencia que se ocupa de las razas, etnología, está dividida en dos campos: el de los pesimistas y el de los optimistas. Como de costumbre los pesimistas son tradicionalistas, autoritarios, protestantes del progreso. Los optimistas son racionalistas, liberales, creyentes del progreso.

Los etnólogos pesimistas sostienen que fundir es pervertir; fusión de razas, perversión de razas. Se funden los elementos malos—dicen.

Los etnólogos optimistas afirman que fusión es progresión. Se funden los elementos buenos—aseguran.

El efecto producido fue de vivo interés. Era indudable que aquel hombre era el tipo de un cruzamiento, el ejemplar de una mezcla, el producto de dos razas.

(de «El cholo», La Sociedad, Eugenio María de Hostos)

3. ¡Tan enamorados que andamos de pueblos que tienen poca liga y ningún parentesco con los nuestros, y tan desatendidos que dejamos otros países que viven de nuestra misma alma, y no serán jamás—aunque acá o allá asome un Judas la cabeza—más que una gran nación espiritual! Como niñas en estación de amor echan los ojos ansiosos por el aire azul en busca de gallardo novio, así vivimos suspensos de toda idea y grandeza ajena que trae cuño de Francia o Norte América; y en plantar bellamente en suelo de cierto estado y de cierta historia ideas nacidas de otro estado y de otra historia, perdemos las fuerzas que nos hacen falta para presentarnos al mundo—que nos ve desamorados y como entre nubes—compactos en espíritu y unos en la marcha, ofreciendo a la tierra el espectáculo no visto de una familia de pueblos que adelanta alegremente a iguales pasos en un continente libre.

(de «Agrupamiento en los pueblos de América», La América, José Martí)

4. La fisonomía de la América hispana no sería completa en cuanto a su elemento humano si no considerásemos la importancia de la inmigración europea y asiática que aumentó el número de habitantes y en algunas naciones determinó el carácter de la población actual.

Una región extensa de la América hispana experimentó el mismo proceso demográfico que los Estados Unidos. Este último país, como es bien sabido, comenzó a recibir desde mediados del siglo pasado un verdadero oleaje de inmigrantes europeos que llegaron de todas partes de Europa para incorporarse definitivamente a la nación norteamericana. Los Estados Unidos sintieron los efectos de este movimiento extraordinario de pobladores, puesto que la nación entera fue vitalizada por la presencia de estos nuevos elementos que hicieron posible su rápida industrialización. Lo mismo ha sucedido en la América hispana aunque en mucho menor escala. Algunos países hispanoamericanos han sentido el efecto de una inmigración crecida mientras que otros han carecido casi por completo de ella. Esta falta de distribución uniforme ha contribuido a acentuar las diferencias entre un país y otro, modificando en algo la misma naturaleza étnica de las naciones.

(de *Introducción a la civilización hispanoamericana*, Richard Pattee)

5. Se imita a aquél en cuya superioridad o cuyo prestigio se cree.—Es así cómo la visión de una América *deslatinizada* por propia voluntad, sin la extorsión de la conquista, y regenerada luego a imagen y semejanza del arquetipo del Norte, flota ya sobre los sueños de muchos sinceros interesados por nuestro porvenir, inspira la fruición con que ellos formulan a cada paso los más sugestivos paralelos, y se manifiesta por constantes propósitos de innovación y de reforma. Tenemos nuestra *nordomanía*. Es necesario oponerle los límites que la razón y el sentimiento señalan de consuno.

(de *Ariel*, José Enrique Rodó)

B. ***Trabajo en pequeños grupos.*** Divídanse en grupos de tres o cuatro.

1. Cada grupo debe escoger uno de los temas dados a continuación para preparar un ensayo que trate de convencer al lector.

Temas:

El aborto	La pena de muerte
La energía nuclear	La educación de los inmigrantes ilegales
La educación bilingüe	
La conscripción	

2. Decidan cuál es la opinión que se quiere presentar y quién será el lector.

3. Hagan un esquema del ensayo que incluya la tesis, las oraciones temáticas para cada párrafo y algunos detalles de apoyo.

4. Compartan el esquema con la clase entera. Discutan si el esquema incluye todos los detalles necesarios y si convencerá al lector hipotético.

ETAPA DOS: LA REDACCION

Cómo se escribe un ensayo argumentativo

Para escribir un ensayo argumentativo, utilice el siguiente proceso.

1. Escoja un tema apropiado. Por ejemplo, hable de algo que sea motivo de controversia. Tome una postura que tenga varias posibles interpretaciones o haga la crítica de un aspecto comúnmente aceptado.

2. Estudie o considere las posturas contrarias; luego aclare y defina la que Ud. tomará.

3. Elabore la postura fundamental/tesis del ensayo. Esta debe incluir la postura contraria (o problema) y la postura que se defiende. Puede incluir una recomendación para ejecutar alguna acción o puede sugerir alguna solución.

4. Determine quién será el lector y la actitud de éste hacia el tema.

5. Busque pruebas que justifiquen la postura fundamental o haga una lista de las razones por las cuales ha asumido la postura que defiende.

6. Haga un esquema escogiendo aquellas razones, criterios u opiniones que mejor justifiquen o apoyen su postura para lograr convencer al hipotético lector del ensayo.

7. Decida cuál técnica o combinación de técnicas de desarrollo utilizará. Por ejemplo, en algunos casos puede ser útil usar la comparación y el contraste, o quizás el análisis y la descripción. Estudie el esquema con cuidado antes de tomar una decisión final.

8. Escriba el ensayo.

9. Revise lo escrito para determinar qué impresión deja en el lector.

10. Pida a un compañero que lea su ensayo y estudie su reacción.

11. Haga los cambios necesarios en el contenido.

12. Revise los aspectos gramaticales.

13. Pase el trabajo en limpio.

Tarea

Escoja un tema que haya sido motivo de controversia en su localidad en el último año. Escriba un ensayo con la intención de convencer al lector de lo acertado de la posición que Ud. defiende.

Incluya con su ensayo:

1. El propósito del ensayo: ¿Qué cambio se desea que ocurra en el lector?

2. La identificación del lector a quien va dirigido el ensayo

3. El ensayo, con:

   a. La tesis subrayada

   b. La opinión del escritor identificada

c. Los hechos o ejemplos que respaldan la opinión del escritor identificados

d. Una observación por escrito acerca del tono adoptado hacia el tema y hacia el lector

ETAPA TRES: LA REVISION

El siguiente proceso puede aplicarse tanto al escrito de un compañero como a su propia composición.

RESUMEN: CONTENIDO Y ORGANIZACION

A. *Tema, tesis y definición*

- ¿Escribió Ud. un ensayo argumentativo?
- ¿Cuál es el tema de su ensayo?
- ¿Cuál es la postura fundamental/tesis de su ensayo?
- ¿Tiene dos partes la postura fundamental?
- ¿Qué tipo de ensayo escribió: problema + solución o presentación de varias posiciones?
- ¿Cuáles técnicas de desarrollo utilizó? (¿clasificación? ¿definición? ¿narración? ¿comparación? ¿análisis?)
- ¿Incluyó los argumentos contrarios?

B. *Introducción, transiciones y conclusión*

- ¿Cuál de los dos tipos de introducción utilizó Ud.?
- ¿Cuál es el propósito de la introducción?
- ¿A qué tipo de lector se dirige?
- ¿Qué información contiene? (¿definición? ¿tesis? ¿reconocimiento de la oposición?)
- ¿Puso atención a las transiciones entre párrafos?
- ¿Cuáles estrategias utilizó para indicarle al lector que pasaba a hablar de otro asunto?
- ¿Qué estrategia utilizó en la conclusión? (¿resumen? ¿opinión?)
- ¿Cuál es el propósito de la conclusión?

C. *La estructura de los párrafos*

- ¿Expresó Ud. una idea o aspecto diferente en cada uno de los párrafos?
- ¿Expresó la idea principal de cada párrafo en la oración temática?
- ¿Eliminó todas las oraciones superfluas?

D. *Tono y estilo*

- ¿Quién supone Ud. que sea el lector de su ensayo?

- ¿Cuánto sabe éste del tema?

- ¿Ha utilizado Ud. un tono relativamente formal al escribir su ensayo? ¿Qué estrategias utilizó para lograrlo?

- ¿Mantuvo el mismo tono en toda la exposición?

- ¿Cómo podría Ud. describir el tono que utilizó?

- ¿Se refleja este tono en el título que dio Ud. a su ensayo?

RESUMEN: ASPECTOS GRAMATICALES Y ORTOGRAFICOS

A. *El uso de* **ser** *y* **estar**

- ¿Ha analizado Ud. todos los usos de **ser** y **estar** que se encuentran en su composición?

B. *El uso del pretérito, del imperfecto y del imperfecto progresivo*

- ¿Ha analizado Ud. todos los usos del pretérito, del imperfecto y del imperfecto progresivo que se encuentran en su composición?

C. *El uso de la voz pasiva con* **ser,** *la pasiva refleja y la pasiva impersonal*

- ¿Ha analizado todos los usos de la voz pasiva con **ser** que se encuentran en su composición?

- ¿Ha analizado todos los usos de la voz pasiva en los cuales no se expresa el agente para determinar si se puede usar la voz pasiva refleja?

- ¿Ha analizado todos los usos de la voz pasiva refleja?

- ¿Ha analizado todos los usos de la pasiva impersonal?

D. *El uso del artículo definido e indefinido*

- ¿Ha analizado todos los sustantivos usados con o sin el artículo definido?

- ¿Ha analizado todos los sustantivos usados con o sin el artículo indefinido?

E. *El uso del subjuntivo*

- ¿Ha analizado todas las cláusulas subordinadas que se encuentran en su composición?

F. *Errores de ortografía*

- Anote las palabras dudosas que ha encontrado al revisar su composición: _____

- Anote los cambios hechos después de consultar un diccionario: _____

TERCERA PARTE

Síntesis: El resumen, el trabajo de investigación y la respuesta de ensayo

Capítulo 10: El resumen

ETAPA UNO: ANTES DE REDACTAR

El resumen

El resumen tiene como propósito hacer una exposición de algún asunto o materia en términos breves, considerando tan sólo lo esencial o repitiendo abreviadamente el asunto tratado. Un resumen puede hacerse de un libro, de un cuento, de una película, de una conferencia, de un programa de televisión, etcétera.

Pueden escribirse dos diferentes tipos de resumen. El primero, el resumen breve o condensación, intenta captar en forma abreviada el contenido de la materia enfocada. Su único propósito es ofrecer al lector una versión comprimida o reducida de lo que se resume.

El segundo tipo de resumen, el resumen interpretativo, también intenta ofrecer una condensación de lo esencial de la materia, pero parte de una idea central o un juicio o evaluación sobre lo que se presenta. Esta idea central o juicio sirve como tesis de la exposición. Los detalles que se incluyen se seleccionan con el solo propósito de apoyar la interpretación del asunto, o sea, la tesis del resumen. No se trata de ofrecer únicamente una versión comprimida de la materia sino de hacer un juicio o evaluación de la misma.

Vocabulario útil

Las palabras y expresiones que se incluyen a continuación pueden ser de utilidad al escribir un resumen interpretativo.

VOCABULARIO PARA RESUMIR

---

a manera de ilustración se analizarán (dos, cinco) aspectos

el autor es un (químico, prosista, deportista) conocido principalmente por...

el propósito fundamental del autor es...

el valor de la obra reside en...

en conjunto, la obra de... se caracteriza por...

la acción se reduce a lo siguiente...

la obra consta de (*número*) (capítulos, partes, estrofas)

la postura fundamental que aquí se asume es...

la trama puede resumirse como sigue:

otro rasgo sumamente notable es...

uno de los rasgos característicos es...

El resumen: Modelos y análisis

Resumen breve: Modelo

«A la deriva», un cuento por Horacio Quiroga

El cuento empieza en el momento en que el protagonista pisa una víbora venenosa. La víbora lo muerde dejándole dos gotitas de sangre en un pie. El hombre se liga el pie con un pañuelo y regresa al rancho. Al llegar, siente una sed quemante y nota que el pie se le ha hinchado monstruosamente. Decide entonces buscar ayuda. Sube a su canoa y se dirige al centro del caudaloso río Paraná. Espera llegar a un pueblo vecino dentro de cinco horas.

Ya en el río, la selva lo rodea. La corriente, casi por sí misma, lo arrastra hacia Tacurú Pucú. La pierna es ya un bloque deforme. Sabe que no alcanzará a llegar sin ayuda. Decide detenerse y buscar a su compadre. Con esfuerzo atraca y lo llama, pero éste no contesta. Ya débil, el hombre regresa al río. El paisaje a su alrededor es a la vez agresivo y bello. Pasan las horas. Cae el sol. Poco a poco empieza a sentirse mejor. El dolor agudo se calma. Recuerda a su viejo patrón. De repente, deja de respirar.

Resumen breve: Análisis

Tema

El tema de este resumen es un cuento escrito por el autor sudamericano Horacio Quiroga.

Organización

El resumen consta de dos párrafos. No hay introducción ni conclusión. La acción del cuento se sigue punto por punto. El resumen sencillamente narra lo mismo que el cuento, abreviándolo todo lo posible.

Resumen interpretativo: Modelo
Comentario

Horacio Quiroga fue uno de los iniciadores del criollismo en Hispanoamérica. Sus cuentos, en gran parte, presentan la derrota del hombre ante la barbarie de la naturaleza tropical, tema explotado por casi todos los criollistas. Además, Quiroga, que sintió mucho la influencia de Edgar Allan Poe, se caracteriza por su obsesión de la muerte y por su dominio técnico.

El tema de «El hombre muerto» es el poco valor de la vida humana en el trópico. Sobresale la ironía de la muerte insulsa de un hombre que ha desafiado la naturaleza durante tanto tiempo. El mayor acierto artístico es la creación del suspenso y del sentido dramático a pesar de que el cuento comienza con lo que podría ser el momento culminante. La actitud antidramática del autor ante el accidente da una sensación de horror que dura hasta el final. La imagen del hombre atravesado por su propio machete y tendido en la grama se hace inolvidable por la repetición de ciertos vocablos: el hombre, el machete (realzado al nivel del hombre en la primera oración), el bananal, el alambrado, el poste descascarado, la gramilla, el sol a plomo y variaciones del tema cansado-descanso. Sin embargo, este cuadro estático cobra vida por los pensamientos del hombre. Indicando con la descripción de la herida que el hombre está agonizando, Quiroga construye el cuento a base de los últimos treinta minutos en la vida de su protagonista. El tiempo avanza con una lentitud increíble establecida por la precisión de la hora: el triple uso de «acababa de»; «no han pasado dos segundos»; «las sombras no han avanzado un milímetro»; «las once y media»; «hace dos minutos»; «las doce menos cuarto»; y «mediodía». Durante esos treinta minutos, el hombre admira la indiferencia de la naturaleza, y poco a poco alude sin énfasis a unos detalles de su vida que ayudan a completar el cuadro a la vez que aumentan el movimiento del cuento. Ese movimiento llega a definirse precisamente con los pensamientos del hombre moribundo sobre el muchacho que pasa rumbo al puerto nuevo; el caballo que espera el momento de pasar por el alambrado; y su mujer y sus dos hijos que vienen avanzando en el momento en que él muere.

A pesar de que este relato transcurre en Misiones, tiene un valor universal. El autor crea muy bien el ambiente de la región cerca del río Paraná, pero no emplea giros regionales; y el lenguaje perfectamente sencillo corresponde al tema fundamental de la muerte de un hombre. Sólo hay que tacharle a Quiroga el haberse permitido la impertinencia de filosofar por tres párrafos sobre la muerte: «La muerte. En el transcurso de la vida... ¡lo que debemos vivir aún!» El doble uso aquí de una frase trimembre—«fatal, aceptada y prevista» y «el consuelo, el placer y la razón»—disminuye el efecto de las otras dos frases trimembres que son más indispensables para el cuento: «fría, matemática e inexorable» y «fría, fatal e ineludiblemente».

Quiroga es, sin duda, una de las figuras excelsas en el cuento hispanoamericano tanto por haber abierto las sendas del criollismo como por la alta calidad de su obra. Quiroga se esfuerza por presentar lo universal a través de lo regional (el protagonista de este cuento se llama *el* hombre); domina completamente la técnica del género y elabora sus narraciones con un lenguaje sencillo que desmiente sus orígenes modernistas.

(de *El cuento hispanoamericano*, Seymour Menton)

Resumen interpretativo: Análisis

Tema

Este resumen habla de otro de los cuentos de Quiroga, «El hombre muerto». Expresa un juicio sobre la obra indicando aspectos específicos que dan validez a la evaluación.

Organización

La estructura de este resumen puede esquematizarse como sigue.

Párrafo 1:
Introducción   Información general sobre Horacio Quiroga

Párrafo 2:   Comentarios sobre el tema del cuento
                     Primera evaluación sobre el valor del cuento: El mayor acierto artístico
                     es la creación del suspenso...
                     Expresión de la tesis: La actitud antidramática del autor ante el accidente
                     da una sensación de horror que dura hasta el final.
                     Detalles que apoyan la tesis: 1) el uso del lenguaje; 2) la descripción del
                     tiempo; y 3) la descripción de los pensamientos del hombre

Párrafo 3:   Segundo juicio sobre la obra: ...tiene un valor universal.
                     Detalles de apoyo
                     Crítica sobre una falla del autor

Párrafo 4:
Conclusión   Detalles sobre Quiroga como cuentista

Aspectos estilísticos

Tanto este resumen interpretativo como el resumen breve están escritos en tiempo presente. Por convención, en un resumen se habla de la materia tratada utilizando el presente:

- En esta obra se *ve* que...
- El autor *presenta* a los personajes...

Aspectos estructurales

La elaboración de la tesis del resumen interpretativo

El resumen interpretativo no se propone sencillamente comprimir o repetir abreviadamente la materia como lo hace el resumen breve. Tiene como propósito ofrecer un juicio, evaluación u opinión sobre una obra. Por lo tanto, la estructura del resumen interpretativo es la misma de una exposición cualquiera. Contiene una tesis central que se establece o justifica a través de los párrafos de apoyo, los cuales a su vez se basan en observaciones específicas acerca de la obra.

La elaboración de la tesis de un resumen interpretativo se basa en las mismas consideraciones que se hacen al concebir cualquier otro tipo de escrito. El tema del resumen es la obra misma. La tesis debe enfocar un solo aspecto de la obra. Generalmente incluye la opinión personal del autor o un juicio suyo sobre la materia que presenta. Sin embargo la tesis de un resumen interpretativo puede enfocarse en un sinnúmero de aspectos. Los ejemplos que se presentan a continuación dan una idea más completa de los aspectos que pueden tratarse en un resumen interpretativo.

1. Aspecto: El autor de la obra

Preguntas de
enfoque:

- ¿Es típica esta obra de la producción del autor?
- ¿Refleja algún aspecto de la vida del autor?
- ¿Refleja la época en que vivió el autor?
- ¿Refleja las ideas por las cuales se conoce al autor?

2. Aspecto: La obra en su totalidad

Preguntas de
enfoque:

- ¿Es la obra típica de su género? (¿novela? ¿biografía? ¿poesía? ¿tratado técnico?)
- ¿Cuál es la tesis de la obra?
- ¿Cómo está organizada la obra?
- ¿Es ésta una obra original? ¿Se desprende de alguna tradición conocida?
- ¿Qué importancia tiene la obra dentro de la época en que se escribió? ¿dentro de la tradición en que se produjo?
- ¿Cuál es el juicio de algunos eruditos sobre la obra?
- ¿Con qué otras obras puede compararse?

3. Aspectos varios: Técnicas literarias

Preguntas de
enfoque:

- ¿Qué relación tiene el ambiente en que se desarrolla la acción con la acción misma?
- ¿Qué función tienen los personajes en la obra?
- ¿Están bien captados los personajes?
- ¿Presenta características especiales el lenguaje que se utiliza en esta obra?

4. Aspectos varios: Temas literarios

Preguntas de
enfoque:

- ¿Hay crítica social en la obra?
- ¿Cómo se retrata al hombre en la obra? (¿como un ser bueno? ¿patético? ¿libre?)
- ¿Es importante en la obra el tema del honor?
- ¿Cómo se retrata a la mujer? (¿con admiración? ¿con comprensión? ¿Se le critica?)

Como se estudió anteriormente, la contestación a una pregunta de enfoque puede servir como tesis de la exposición. Utilizando los ejemplos anteriores, se podrían elaborar tesis como las siguientes.

- La obra (título) refleja los años que pasó el autor en el servicio secreto.
- Este cuento (título del primer cuento) tiene el mismo tema que este otro cuento (título del segundo cuento).
- Dentro de las obras más premiadas que se han escrito sobre el periodismo, (título) ocupa el primer lugar por su profundidad y por la claridad de su presentación.

La selección de detalles

Una vez elaborada la tesis, se seleccionan aquellos detalles que puedan servir para apoyar esta idea central. Cada detalle que se incluye debe ejemplificar lo que la tesis expresa. Si se trata de un juicio sobre el valor de la obra, por ejemplo, los detalles deben escogerse por su capacidad de dar validez a tal evaluación.

A continuación se presentan los equemas de dos obras muy distintas que pueden dar una idea del tipo de organización que se puede usar al resumir una obra.

1. Resumen de una biografía

Título:	*La vida de Hernán Cortés* por Eliseo Hernández
Párrafo 1: *Introducción* *Tesis*	Oración introductoria Eliseo Hernández presenta a Hernán Cortés como un hombre ambicioso y sin escrúpulos.
Párrafo 2: *Oración temática*	El autor presenta la vida temprana de Cortés para demostrar el origen de su ambición. Ejemplo 1 de su vida temprana Ejemplo 2 de su vida temprana Ejemplo 3 de su vida temprana
Párrafo 3: *Oración temática*	El autor presenta a Cortés durante la conquista de México y enfoca su desmesurada ambición. Detalle 1 Detalle 2 Detalle 3
Párrafo 4:	El autor demuestra los resultados de la ambición y de la falta de ética de Cortés. Detalle 1 Detalle 2
Conclusión:	Resumen de lo dicho Importancia de la obra

Comentario

En este esquema del resumen de una biografía se ve que el escritor decidió poner énfasis en la tesis general del autor, Eliseo Hernández. Su resumen consiste en demostrar cómo y en qué forma logra Hernández comunicar la impresión que desea sobre Cortés. Aquí el escritor no presenta datos sobre Hernández, ni incluye un bosquejo completo del contenido del libro. Sólo habla de la actitud del autor hacia el personaje histórico y demuestra cómo se revela esta actitud.

Un estudiante podría escribir este tipo de resumen si se tratara de una clase de historia en la cual se leyeran y comentaran *varias* biografías de Cortés. Se da por sabido entonces, dentro de este contexto, quién es Cortés y no es necesario identificarlo. Se dan por sabidos también los hechos más sobresalientes de su vida. Sólo quedan por comentar las diferentes opiniones que se encuentran en las distintas biografías que se han escrito sobre este hombre. El escritor de este esquema, entonces, no pierde tiempo ni espacio en repetir lo que tanto él como el profesor y sus compañeros ya saben.

2. *Resumen de un tratado científico*

Título:	*El cerebro humano* por Repósito Cabrera
Párrafo 1: *Introducción* *Tesis*	Oración introductoria El cerebro humano intenta hacer una comparación entre las funciones del cerebro y las máquinas computadoras.
Párrafo 2: *Oración* *temática*	Primero el autor describe la fisiología del cerebro humano. Detalle 1 Detalle 2 Detalle 3
Párrafo 3: *Oración* *temática*	Luego el autor describe las funciones y la estructura de una máquina computadora. Detalle 1 Detalle 2
Párrafo 4: *Oración* *temática*	Finalmente el autor compara el cerebro humano con las máquinas computadoras. Detalle 1 Detalle 2
Conclusión:	Resumen de lo dicho Comentario sobre la importancia de la obra

Comentario

Este resumen también se concreta en presentar la tesis o idea principal del autor del texto. Esta tesis va incluida en el párrafo introductorio y se apoya en los demás párrafos. Quien escribe el resumen enfoca el proceso utilizado por el autor para establecer la comparación entre el cerebro humano y la máquina computadora. Podemos suponer que el libro mismo está organizado en esta forma; es decir, empieza por describir el cerebro humano, luego pasa a describir las máquinas computadoras y finalmente acaba por comparar estas dos entidades.

Al escritor de este resumen tampoco le interesa establecer quién es el autor del tratado científico. El único comentario referente a la importancia de la obra se incluye en la conclusión. Este resumen, entonces, tiene como propósito demostrar que se ha leído la obra y resumir con detalles de apoyo la postura que toma su autor.

Antes de comenzar a escribir: Ejercicios

A. *Trabajo de la clase entera*

1. Escojan una película o un programa de televisión que todos hayan visto. En la pizarra, hagan una lista de todos los detalles que puedan recordar acerca de tal película o programa. Luego organicen los detalles, eliminando los que no sean necesarios para dar un resumen claro.

2. Describan brevemente por escrito una reacción suya provocada por la película o el programa que escogieron. ¿Les gustó o no el programa/la película? Escriban dos o tres de las reacciones en la pizarra y discútanlas. ¿Qué causó la reacción? ¿Están de acuerdo todos o reaccionaron algunos de otra manera? Luego discutan los aspectos gramaticales de cada párrafo.

B. *Trabajo en pequeños grupos.* Hagan una lista en la pizarra de libros que se hayan leído recientemente. ¿Hay algunos libros que hayan leído varios miembros de la clase? Tres o cuatro personas que hayan leído el mismo libro deben formar un grupo.

1. Preparen el esquema de un resumen del libro siguiendo uno de los modelos presentados en las páginas 156–158 de este capítulo. Escriban la tesis y tres o cuatro oraciones temáticas.

2. Discutan cómo se cambiaría el esquema si el resumen tuviera otro propósito. Por ejemplo:

   • Dar otros detalles acerca del contenido

   • Hacer un contraste o una comparación con otro libro

   • Tratar de convencer o influenciar al lector (su profesor)

3. Desarrollen por lo menos dos diferentes esquemas para el mismo libro.

ETAPA DOS: LA REDACCION

Cómo se escribe el resumen de un libro

El proceso de escribir un resumen se basa en los pasos que se detallan a continuación. Estudie cada paso cuidadosamente antes de empezar a escribir su resumen.

1. Lea la obra en su totalidad. Al leer, haga una lista de los aspectos más sobresalientes.

2. Examine la organización del libro. Ponga atención al número de capítulos, divisiones, etcétera. Vea si el autor dividió su obra en partes y considere los posibles motivos que tuvo el autor para dividirlo como lo hizo.

3. Si se trata de un texto literario, haga una lista de todos los aspectos literarios de importancia: personajes, marco de la acción, lenguaje, punto de vista, etcétera.

4. Determine cuál es la tesis de la obra, o sea, la idea principal del autor. Condense ésta en una o dos oraciones.

5. Haga un resumen breve, o condensación, del contenido o del argumento (si es una obra literaria). Este resumen debe apegarse a la obra sin utilizar el lenguaje de ésta y debe incluir los detalles más sobresalientes.

6. Busque datos sobre el autor si lo considera necesario.

7. Escriba una evaluación breve de la obra. Puede comentar, por ejemplo, acerca de:

    a. La originalidad de la obra

    b. El éxito o fracaso del autor en el desarrollo de algún aspecto literario (si es una obra literaria)

    c. La presentación de los datos (si es un tratado sobre alguna materia)

    d. La exactitud de los datos que se presentan

    e. El punto de vista del autor

    f. La actitud del autor hacia el tema

    g. El estilo de la obra

8. Elabore una tesis utilizando la evaluación hecha en el Paso **7** o la respuesta a una pregunta de enfoque.

9. Piense en el lector. ¿Quién es? ¿Conoce la obra? En la mayoría de los casos conviene hacer de cuenta que se escribe para un lector que desconoce la materia que se presenta.

10. Elabore un esquema del resumen. Decida cuánto escribirá sobre cada aspecto.

11. Escriba el resumen.

12. Haga las revisiones necesarias.

13. Pase el trabajo en limpio.

Tarea

Escriba un resumen interpretativo de un libro que haya leído recientemente. Incluya la siguiente información:

1. Título del libro
2. Autor
3. Datos de su publicación
4. Clase en la cual se leyó el libro
5. Propósito del resumen
6. Para quién(es) se escribe el resumen

Incluya en su resumen:

1. El esquema preliminar del resumen

2. El resumen interpretativo con:

    a. La introducción identificada

    b. La tesis subrayada

    c. Los párrafos de apoyo y su función indicados

    d. Las oraciones temáticas de todos los párrafos subrayadas

    e. La conclusión identificada

ETAPA TRES: LA REVISION

Primer paso: Revisión de la estructura y de la organización

La organización del escrito en su totalidad

Revise el resumen ya escrito mediante las siguientes preguntas.

- ¿He escrito un resumen interpretativo?
- ¿Cuál es el tema del resumen? ¿Qué tipo de materia he comentado?
- ¿Cuál es la tesis del resumen interpretativo?
- ¿Utilicé como tesis la evaluación de la obra?
- Si no utilicé la evaluación como tesis, ¿Qué pregunta de enfoque contesta la tesis?
- ¿He incluido una introducción? ¿Qué función tiene?
- ¿Incluí un resumen breve?
- ¿Contiene cada párrafo una oración temática?
- ¿Incluí una conclusión? ¿Cuál es su función?
- ¿A quién va dirigido el escrito? ¿Se refleja este hecho en el tono? ¿en el título?

La organización a nivel del párrafo

Examine los siguientes aspectos en cada uno de los párrafos.

- ¿Contiene cada uno de los párrafos una oración temática?
- ¿Hay relación entre cada una de las oraciones del párrafo y esa oración?
- ¿He incluido frases de transición?

Segundo paso: Revisión de aspectos gramaticales

El uso del gerundio

El gerundio es una forma no personal del verbo, es decir, es invariable. No cambia ni según la persona, ni según el número ni según el tiempo. Tiene dos usos principales: el verbal y el adverbial.

El uso verbal del gerundio

El gerundio se usa con **estar** y otros verbos para formar los tiempos progresivos. Se forman más comúnmente con **estar**.

Estoy leyendo una novela.

Miguel **estaba durmiendo** cuando llegué.

Ya para las ocho **estaremos comiendo**.

He estado estudiando toda la tarde.

Espera que su hija **esté practicando** el piano ahora.

Los tiempos progresivos también se pueden formar con **seguir/continuar, ir, andar** y **venir**.

1. El progresivo con **seguir/continuar** describe la duración o la repetición de una acción.

   Siguió corriendo cuando vio el perro.

   Continuaba trabajando aun después de las cinco.

2. El progresivo con **ir, venir** y **andar** también describe la duración o repetición de una acción, y da a la vez una idea de progreso o movimiento.

   Cada vez que practicaba, **iba mejorando** un poco.

   Vienen pidiendo limosnas.

   Anda buscando el anillo que le regaló su novio.

Hay ciertos límites en el uso de las construcciones progresivas.

1. Los verbos que no se refieren a acciones o procesos no se usan en los tiempos progresivos. Algunos de estos verbos son: **tener, haber, poder, ser**. Revise la sección sobre el imperfecto progresivo en el Capítulo 2, páginas 31–32.

2. El progresivo con **estar** generalmente no se usa para referirse a un tiempo o a una acción futura como se hace en inglés. Para este propósito se usa un tiempo simple.

   She is arriving tomorrow.   **Llega (Llegará)** mañana.

   *He said **he would be writing** to us soon.*   Dijo que nos **escribiría** pronto.

3. La construcción progresiva no se usa en español con los verbos **parar, sentar, acostar** y **reclinar** para indicar una postura física. Se usa **estar** + participio pasivo.

   *The young man **is sitting** near the stage.*   El joven **está sentado** cerca del escenario.

The police officer **was standing** in the intersection.

El policía **estaba parado** en la bocacalle.

That dog **has been lying down** all day.

Ese perro **ha estado acostado** todo el día.

Ejercicios

A. Exprese en español los verbos en letras cursivas en las oraciones a continuación.

1. _____ cuando nos llamó el director.
   (*We had been reading*)

2. Aunque nadie le escuchaba, _____ .
   (*she continued singing*)

3. _____ por la calle.
   (*They came running*)

4. No le pude hablar porque _____ a alguien.
   (*he was interviewing*)

5. Paquita _____ cuando la llamó su tía abuela.
   (*was sewing*)

6. La última vez que lo vi _____ su disco nuevo.
   (*he was listening to*)

7. _____ tomates cuando empezó la tormenta.
   (*We were planting*)

8. _____ enfrente de su casa desde la mañana.
   (*He has been walking*)

9. Mañana _____ por México.
   (*they will be traveling*)

10. _____ este viaje desde hace tiempo.
    (*We had been planning*)

B. Decida cuáles de las siguientes oraciones se pueden expresar en español usando un tiempo progresivo y cuáles no. Explique por qué.

1. My neighbors are having a party tonight.
2. Martha was studying in the library when I saw her last.
3. The woman was reclining on the sofa.
4. She's sending them a tray for their anniversary.
5. I've been cleaning the house since 9 A.M.
6. We're leaving for Europe next month.
7. The children are setting the table.
8. Many people are standing in front of the theater.
9. My grandparents were working in the garden when they got the news.
10. I'm going to the meat market to buy some chicken.

El uso adverbial del gerundio

El gerundio, en su uso adverbial, puede usarse sólo para modificar un verbo o, en una frase adverbial, para modificar la oración principal. Describe la manera, la causa o la condición bajo la cual se realiza la acción.

1. *Manera:*   El niño se nos acercó **gritando.**

               La lavandera trabaja **cantando.**

2. *Causa:*   No lo compró **pensando en nuestra reacción.**

               Creyéndome demasiado joven, no quiso bailar conmigo.

3. *Condición:*   **No teniendo dinero,** tuve que quedarme en casa.

               Habiendo explicado la lección, el maestro despidió la clase.

Ejercicio

Exprese en español usando el gerundio.

1. I spent the day thinking of you.
2. Having collected all the rent money, he went to the bank to deposit it.
3. Waiting for his train, she realized how much she had missed him.
4. Seeing that we didn't want to enter the office, he came out to talk to us.
5. Since I was feeling ill, I couldn't go to the concert.
6. While she was bringing the wine, she slipped and fell.
7. Not having yet received any salary, we had to borrow some money from our parents.
8. The old man spent the winter cutting down trees.
9. Having seen how beautiful the table was, he decided to buy it.
10. Last night after the game they went all over the city singing and shouting.

Usos inapropiados del gerundio

El uso del gerundio en español es mucho más limitado que el de su equivalente inglés. En las secciones anteriores se han explicado los usos verbales y adverbiales del gerundio que son idénticos en las dos lenguas. En inglés las palabras en *-ing* también pueden funcionar como sustantivo o adjetivo, pero estos usos son incorrectos en español. Para expresar las mismas ideas en español se usan otras construcciones. Se expresa el *-ing* sustantivado con un infinitivo.

Swimming is good for the heart.	(El) **Nadar** es bueno para el corazón.
She hates washing the dishes.	Detesta **lavar** los platos.
There is great value in working.	Hay gran mérito en **trabajar.**

Se expresa el *-ing* que funciona como adjetivo con una frase o con un adjetivo.

*Students **attending** a small university get to know almost all the professors.*	Los estudiantes **que asisten** a una universidad pequeña llegan a conocer a casi todos los profesores.
*The directory **containing** the names and addresses I need has been lost.*	Se ha perdido la guía **que contiene** los nombres y las direcciones que necesito.
*That **sewing machine** is not very modern.*	Esa máquina **de coser** no es muy moderna.
*He is an **amusing** young man.*	Es un joven **divertido**.

Ejercicio

Exprese en español las oraciones a continuación prestando atención al *-ing* en cada caso. Decida si se debe usar el gerundio en español.

1. She gave me some pretty writing paper for my birthday.
2. Eating a lot without exercising will make you gain weight.
3. We're taking singing lessons this semester.
4. They said they saw a flying saucer last night.
5. The man standing in front of the store is collecting aluminum cans.
6. Good reading skills are essential to success in school.
7. The box containing his toys is in the basement.
8. My roommate kept studying after I went to bed.
9. They're going to buy their wedding rings.
10. The apartment didn't have running water or electricity.

Corrección de pruebas

A. Lea y corrija el párrafo a continuación poniendo atención al uso de **ser** y **estar** y a la forma y uso del gerundio.

> Cuando llegué al dormitorio donde estoy viviendo, eran todos en la sala grande mirandos la televisión. Ahí estaba el Presidente discutando otra vez por qué no mejoraba la economía. No me quedé escuchándolo porque la verdad está que ya he oído todas las razones y no creo que vaya a decir nada nuevo.

B. Lea y corrija el párrafo que sigue. Preste atención al uso del indicativo y del subjuntivo.

> Nos quedan sólo tres semanas hasta el fin del semestre. Ahora el profesor nos dice que quiere que leemos una comedia y escribimos un informe sobre ella. ¡Qué lata! Ya estemos hartos de tanto escribir. Yo preferiría que discutimos la obra en clase. De esa manera podríamos todos participar. A muchos de mis compañeros no les gusta hablar en clase y me dicen que me callo. Dicen que sea más fácil escribir porque ya hemos tenido tanta práctica. Ese es el problema. Yo quisiera más práctica en hablar antes que se termina la clase.

Tercer paso: Revisión de los aspectos gramaticales estudiados en capítulos anteriores

Después de revisar los usos del gerundio, revise también:

1. El uso de **ser** y **estar**
2. El uso del pretérito y del imperfecto
3. El uso de la voz pasiva con **ser,** la voz pasiva refleja y la construcción pasiva impersonal
4. El uso del artículo definido e indefinido
5. El uso del subjuntivo
6. El uso de los pronombres relativos

Cuarto paso: Revisión de la ortografía

Después de revisar los aspectos gramaticales que se han estudiado, repase el escrito, buscando los errores de acentuación y de ortografía.

Quinto paso: Redacción de la versión final

Escriba una versión final de su trabajo ya con las correcciones y los cambios necesarios.

Capítulo 11: El trabajo de investigación

ETAPA UNO: ANTES DE REDACTAR

El trabajo de investigación

¿Qué es un trabajo de investigación?

El trabajo de investigación se conoce por varios nombres. En inglés se le da el nombre de *term paper* o *research paper;* en español se le conoce por los nombres de **trabajo formal, trabajo de investigación, informe** e **informe técnico.**

El trabajo de investigación tiene tres características que lo diferencian de los demás tipos de escrito. En primer lugar, es un escrito de cierta extensión. Generalmente se trata de un trabajo escrito a máquina que contiene más de cinco hojas. En segundo lugar, el trabajo contiene el producto de la investigación de un estudiante sobre un tema determinado. Es decir, se supone que el estudiante no escribe sobre algo que puede comentar basado en su propia experiencia, sino sobre algún tema que le interesa y que ha decidido investigar sistemáticamente. Para esto, utiliza la biblioteca y consulta varias fuentes de información. Finalmente, el trabajo de investigación es un escrito que documenta las ideas y las citas que se han tomado de las diferentes obras que se han consultado. Contiene notas que dan a conocer al lector de dónde se tomaron los datos que se presentan e incluye una bibliografía completa del material consultado.

Los dos tipos de trabajo de investigación

En general, el trabajo de investigación puede escribirse desde dos diferentes perspectivas: puede escribirse un trabajo informativo o un trabajo crítico. El trabajo informativo, como lo indica su nombre, sencillamente informa. El autor presenta el fruto de su investigación: lo que se sabe sobre el tema y la postura actual de los peritos en la materia. Si descubre que hay controversias entre éstos, las presenta objetivamente. El trabajo informativo no contiene el juicio del escritor sobre el tema. El profesor lo evalúa tomando en cuenta la profundidad de la investigación, el número y clase de obras consultadas y la claridad con que se haya presentado lo que hasta el momento se sabe sobre la materia.

El trabajo crítico, tanto como el trabajo informativo, contiene datos que se han encontrado como producto de una investigación. Pero el propósito del trabajo crítico no es informar, sino persuadir. Por lo tanto, el escritor del trabajo crítico no solamente presenta el resultado de su investigación sino también su *interpretación* de los datos. Cuando se encuentra frente a un tema que es objeto de una controversia entre expertos en la materia, el escritor del trabajo crítico adopta una de las posturas y comparte con el lector las razones que justifican su elección. Tanto el trabajo crítico como el trabajo informativo se evalúan por la profundidad de la investigación y la claridad de la presentación. En este caso, sin embargo, también se mide la calidad y fuerza de los juicios que ofrece el escritor.

El proceso de escribir el trabajo de investigación

El proceso de escribir un trabajo de investigación es similar al proceso de escribir una exposición (con sus varias estrategias de desarrollo: definición, narración, comparación y contraste, análisis y clasificación) que ya se ha presentado. Lo que es distinto es la extensión del trabajo, y las etapas que se completan *antes de escribir*. El cuadro siguiente presenta un resumen del orden en que tales etapas se efectúan.

EL PROCESO DE ESCRIBIR UN TRABAJO DE INVESTIGACION		
Paso	*Etapa*	*Método*
1	Seleccionar un tema	1. Leer las sugerencias del profesor 2. Repasar las ideas principales del curso 3. Recordar los intereses fundamentales
2	Hacer una lectura preliminar	4. Buscar las fuentes principales de información 5. Leer sobre el tema en general
3	Limitar el tema	6. Usar los procesos que se aprendieron en el Capítulo 4
4	Elaborar una tesis preliminar	7. Hacer preguntas de enfoque
5	Enfocar la lectura	8. Leer acerca del aspecto del tema original que se haya decidido enfocar
6	Apuntar ideas	9. Apuntar ideas que apoyen la tesis 10. Incluir los datos bibliográficos de cada nota

7	Organizar la información	11. Clasificar los datos que se encontraron
8	Revisar la tesis	12. Elaborar una tesis definitiva
9	Hacer un esquema del trabajo	13. Decidir cómo organizar el trabajo
10	Escribir la primera versión	14. Utilizar los principios de organización que se estudiaron
11	Incluir la documentación	15. Preparar notas 16. Preparar la bibliografía
12	Revisar el trabajo	17. Poner atención al contenido, a los aspectos gramaticales y a los aspectos estilísticos

La selección de un tema

En el Capítulo 4 se habló del proceso que se debe seguir para enfocar un tema. Al escribir un trabajo de investigación también se necesita limitar y luego enfocar el tema. El problema de muchos alumnos, sin embargo, es decidir qué tema global escoger como punto de partida.

Lógicamente, un tema que se va a tratar en un trabajo de investigación necesita prestarse para tal investigación. Es decir, no puede escogerse un tema que ha sido discutido solamente en *un* libro. Al mismo tiempo, tampoco puede escribirse sobre un tema tan amplio que requiera la lectura de cientos de libros. Como guía general, entonces, puede decirse que los temas que se prestan para el trabajo de investigación son aquéllos que:

1. Se relacionan con la materia que se estudia en clase
2. Le interesan al alumno en lo personal
3. Han sido tratados ya en varios libros y/o artículos
4. Se pueden enfocar con facilidad concentrándose en un solo aspecto
5. Se pueden investigar objetivamente

La elaboración de la tesis definitiva

Al escribir un trabajo de investigación, se empieza con un tema y después de limitarlo, se elabora una tesis preliminar. Esta tesis sirve para enfocar la lectura sobre un aspecto específico. Generalmente, a medida que se lee y se apuntan las ideas más relevantes, se aprende mucho más sobre el tema. Después de terminar la lectura y organizar la información, conviene repasar la tesis preliminar para decidir si todavía es de utilidad. Con gran frecuencia se descubre que es posible enfocar el tema con más precisión.

El trabajo de investigación sobre temas literarios

El trabajo de investigación sobre temas literarios presenta problemas muy especiales tanto en la investigación como en la selección de temas enfocados. El primer problema se relaciona con la bibliografía: existen muchísimas obras sobre casi todos los temas literarios que se estudian al nivel universitario. El seleccionar obras de consulta entre una lista de cientos de tratados, aun en la primera etapa de la lectura, puede ser muy difícil. Un segundo problema hace la situación más compleja: generalmente el estudiante tiene conocimientos limitados acerca del tema que desea investigar. Esto lo lleva con frecuencia a empezar la lectura preliminar sin una idea concreta de lo que quiere buscar o encontrar.

Como regla general puede ser útil hacerse las siguientes preguntas antes de empezar el proceso de investigación:

1. ¿Quiero escribir sobre alguna época literaria? (el Siglo de Oro, el Siglo XIX, etcétera)

2. ¿Quiero escribir sobre algún género literario en general? (la novela, la poesía, el teatro)

3. ¿Quiero escribir sobre algún movimiento literario? (el romanticismo, el modernismo, el realismo)

4. ¿Quiero escribir sobre algún autor? (su vida, su obra en general)

5. ¿Quiero escribir sobre alguna obra en particular? («El burlador de Sevilla», *Doña Bárbara*)

Después de haber decidido qué dirección tomará la investigación se empieza a leer, ya sea sobre un autor, sobre una época o sobre una obra. Cuando se termina la lectura general y se sabe ya más del tema, éste puede limitarse y enfocarse. Por ejemplo, si se decide escribir sobre una obra literaria, hay tres tipos diferentes de enfoque.

1. *Puede enfocarse la trayectoria u origen de una obra.* ¿Qué circunstancias históricas o sociales fueron la fuente de origen de la obra? ¿Qué circunstancias en la vida del autor influyeron en su perspectiva? ¿Cuáles movimientos literarios se reflejan en la obra?

2. *Puede enfocarse la obra en sí.* ¿Cuál es el significado de la obra? ¿Cuál es su punto de vista? ¿su tono? ¿la tesis general de la obra? ¿Cómo es su estructura? ¿Cuál es la función del lenguaje? ¿Qué símbolos se utilizan?

   Desde esta perspectiva, también pueden enfocarse varias obras al mismo tiempo. Puede hacerse una comparación y/o contraste entre dos obras escritas por autores diferentes; o pueden señalarse los cambios ocurridos en un mismo autor comparando sus obras tempranas con las obras escritas en su madurez.

3. *Puede enfocarse la influencia de una obra.* ¿Qué influencia tuvo, por ejemplo, el teatro clásico francés en el teatro español? ¿Qué influencia ha tenido la novela *Rayuela* en la novelística hispanoamericana?

La estructura del trabajo de investigación

Hay dos tipos de formato que pueden utilizarse en la organización del trabajo de investigación. Al primer tipo se le da el nombre de *formato separado;* al segundo, se le llama *formato integrado.* La organización del formato separado puede verse en el esquema siguiente.

FORMATO SEPARADO	
Trabajo informativo	*Trabajo crítico*
I. Presentación del tema en general	I. Presentación del tema en general
II. Presentación de todos los aspectos del tema y de los datos obtenidos	II. Presentación de todos los aspectos del tema y de los datos obtenidos
III. Presentación de los juicios de los expertos acerca de los datos obtenidos	III. Presentación de los juicios de los expertos acerca de los datos obtenidos
IV. Conclusión	IV. Presentación de los juicios personales
	V. Conclusión

Como se notará, este formato consta de tres o cuarto partes principales. Cada una de estas partes se puede identificar dentro del trabajo utilizando títulos para cada sección o por medio de párrafo de transición que indiquen al lector el contenido de lo que leerá a continuación. La primera parte siempre contiene una presentación general o una introducción. La segunda contiene los datos que se encontraron a través de la investigación. La tercera incluye los juicios que se han emitido sobre los datos obtenidos, y, finalmente, si se trata de un trabajo crítico, la cuarta parte contiene la evaluación del escritor sobre la materia de su investigación.

El formato integrado, así como su nombre lo sugiere, *integra* en una misma sección datos, juicios de los expertos, y juicios personales. Este formato es mucho más flexible que el formato separado ya que el escritor puede presentar en forma diferente los distintos datos y aspectos del tema. También permite al escritor poner en relieve las semejanzas y diferencias existentes entre un dato, el juicio de un experto y un juicio personal a la vez. La estructura de este tipo de trabajo se presenta en el esquema que aparece a continuación.

FORMATO INTEGRADO
I. Presentación del tema en general

II. Presentación de un aspecto del tema
  A. Datos
  B. Juicios de los expertos
  C. Juicios personales

III. Presentación de otro aspecto del tema
  A. Datos
  B. Juicios de los expertos
  C. Juicios personales

IV. Presentación de otro aspecto
  A. Datos
  B. Juicios de los expertos
  C. Juicios personales

V. Conclusión

Antes de escribir el trabajo de investigación, es necesario decidir cómo organizar el trabajo. Es buena idea elaborar dos esquemas; esto ayuda a conceptualizar el escrito en su totalidad y a ver las ventajas y desventajas de cada formato. Por ejemplo, si se hubieran recogido datos sobre las obras de Cervantes, se podría hacer una comparación como la siguiente, vista de dos maneras.

FORMATO SEPARADO	FORMATO INTEGRADO
I. Introducción	I. Introducción
II. Las novelas ejemplares	II. Las novelas ejemplares A. Juicios de los expertos B. Juicios personales
III. *La Galatea*	III. *La Galatea* A. Juicios de los expertos B. Juicios personales
IV. La poesía de Cervantes	IV. La poesía de Cervantes A. Juicios de los expertos B. Juicios personales
V. El teatro de Cervantes	V. El teatro de Cervantes A. Juicios de los expertos B. Juicios personales
VI. *Don Quijote*	VI. *Don Quijote* A. Juicios de los expertos B. Juicios personales
VII. Juicios de los expertos sobre todas las obras	VII. Conclusión
VIII. Juicios personales sobre todas las obras	
IX. Conclusión	

El uso de uno u otro de los formatos en este caso dependería del propósito del escritor. El formato separado podría utilizarse si el propósito del escritor fuera hablar de las obras de Cervantes *en general,* dando información sobre los diferentes géneros literarios que cultivó este autor, los juicios de los expertos sobre la producción de Cervantes *en conjunto* y de su propio juicio. El formato integrado se prestaría más para una exposición cuyo fin fuera comparar las diferentes obras del autor entre sí, lo cual exigiría un trabajo más detallado.

La documentación[1]

El trabajo de investigación consiste en una serie de datos y juicios de los expertos sobre un tema que el escritor ha descubierto al hacer una investigación. Al escribir, el autor del trabajo puede utilizar sus propias palabras para explicar un dato o para reflejar el juicio de un experto,

---

[1]Aquí se supone que Ud. ya ha aprendido a hacer investigaciones usando la biblioteca. Por lo tanto, no se darán instrucciones acerca de cómo encontrar libros y artículos de consulta, ni se explicará cómo se toman apuntes al llevar a cabo una investigación.

o puede también citar las palabras textuales de los críticos sobre la materia. Como regla se cita con moderación y sólo en aquellos casos en que las palabras textuales son portadoras de una fuerza que la paráfrasis de la misma idea no transmitiría. Con los datos y las citas se incluye su documentación respectiva.

Documentar un trabajo quiere decir incluir en él notas que indiquen exactamente de dónde se tomaron los datos y las citas que forman parte del escrito. Un trabajo documentado contiene notas y una bibliografía.

Hay varios estilos establecidos, ya reconocidos, que se utilizan al documentar un trabajo. El utilizar uno u otro estilo depende principalmente de la materia sobre la cual se escribe. Un trabajo en literatura, por ejemplo, suele documentarse usando el formato establecido por el Modern Language Association en su manual *MLA Handbook*. Un trabajo en ciencias sociales con frecuencia utiliza el estilo establecido por el American Psychological Association en su manual *Publication Manual of the American Psychological Association*. A continuación se da una lista de manuales de estilo, así como también una lista de fuentes de información sobre bibliografía española.

OBRAS DE UTILIDAD

Manuales sobre estilo

A Manual of Style. 12th edition, revised. Chicago: University of Chicago Press, 1969.

Turabian, Kate. *A Manual for Writers of Term Papers, Theses, and Dissertations*. 4th edition. Chicago: University of Chicago Press, 1973.

Fuentes de información sobre temas generales que se relacionan con el mundo hispanohablante

Bibliographic Guide to Latin American Studies. Boston: G.K. Hall & Co., 1978–.
Bibliografía anual de las publicaciones incluidas en la colección latinoamericana de la Universidad de Tejas en Austin, con un suplemento de las publicaciones catalogadas por la Biblioteca del Congreso (Library of Congress).

Graham, Ann Hartness and Richard D. Woods. *Latin America in English-language Reference Books*. New York: Special Libraries Association, 1981.
Lista de libros de referencia en inglés sobre Latinoamérica. Incluye básicamente ciencias sociales y humanidades.

Gran Enciclopedia Rialp. Madrid: Ediciones Rialp, S.A., 1971–76. 24 volúmenes.
Buena enciclopedia general parecida a la *Enciclopedia Americana*.

Handbook of Latin American Studies: Humanities. Austin: University of Texas Press, 1936–.
Guía selecta de publicaciones recientes en humanidades.

Handbook of Latin American Studies: Social Sciences. Austin: University of Texas Press, 1936–.
Guía selecta de publicaciones recientes en ciencias sociales.

HAPI (Hispanic American Periodicals Index). Los Angeles: Latin American Center, UCLA, 1975–.
Lista de artículos, reseñas, documentos y obras literarias originales organizados por tema y por autor. Incluye la producción de revistas latinoamericanas y de revistas publicadas en otros países sobre temas latinoamericanos.

Wilgus, A. Curtis. *Latin America, Spain and Portugal: A Selected and Annotated Bibliographic Guide to Books Published in the United States, 1954–1974*. Metuchen, NJ: Scarecrow Press, 1977.

Fuentes de información sobre lengua y literatura hispanas

Bleznick, Donald W. *A Sourcebook for Hispanic Literature and Language: A Selected Annotated Guide to Spanish and Spanish American Bibliography*. Philadelphia: Temple University Press, 1974.

Herdeck, Donald E., ed. *Caribbean Writers, A Bio-bibliographical Critical Encyclopedia*. Washington, D.C.: Three Continents Press, Inc., 1979.

MLA International Bibliography. New York: Modern Language Association of America, 1936–.
Contiene una lista de libros y artículos sobre lenguas modernas en las ramas de literatura, *folklore* y lingüística.

Sainz de Robles, Federico Carlos. *Ensayo de un diccionario de la literatura*. Madrid: Aguilar, 1964–72.
Obra de tres volúmenes sobre aspectos de la literatura en general y sobre aspectos específicos de la literatura peninsular.

Simón Díaz, José. *Manual de bibliografía de la literatura española*. Barcelona: Editorial Gredos, S.A., 1980.
Bibliografía comprensiva de la literatura española.

Teschner, Richard, Garland Bills, and Jerry Craddock. *Spanish and English of United States Hispanos: A Critical, Annotated, Linguistic Bibliography*. Arlington, VA: Center for Applied Linguistics, 1975.
Bibliografía anotada del español y el inglés utilizados por grupos hispanos en los Estados Unidos.

Diferencias entre los formatos de documentación

Las diferencias entre los formatos de documentación, aunque mínimas, son importantes. La colocación de la fecha de publicación, el uso de mayúsculas y minúsculas, el orden de los datos, etcétera, deben seguir el formato escogido. Las diferencias entre dos formatos, el formato MLA y el formato APA, pueden verse al comparar dos textos documentados utilizando los diferentes estilos.

EJEMPLO DE FORMATO MLA

Como es sabido por el trabajo de Alonso Sigfrido,[1] Eloísa Vargas[2] y Matuto Rendón,[3] éste es un asunto de gran delicadeza. La controversia,[4] no menos vigente hoy que hace diez años, se ha hecho sentir aun con más repercusiones en las nuevas investigaciones.

Notas

[1]Alonso Sigfrido, *El verdadero nacimiento* (Buenos Aires: Editorial Sudamericana, 1962), pág. 56.

[2]Eloísa Vargas, *Estructura ajena*, 1ª ed. (México: Aguilar, 1955), pág. 36.

[3]Matuto Rendón, «Cuadernos para el hombre», en *Insula fragante*, ed. Renato Aguilar (Barcelona: Editorial Puig, 1942), págs. 4–7.

[4]La controversia a la que se refiere aquí tuvo lugar en la Academia de las Luces en 1954. Estuvieron presentes Sigfrido, Vargas y Rendón comentando el trabajo de Poncento.

Bibliografía

Rendón, Matuto. «Cuadernos para el hombre». En *Insula fragante*. Ed. Renato Aguilar. Barcelona: Editorial Puig, 1942, págs. 3–17.

Sigfrido, Alonso. *El verdadero nacimiento*. Buenos Aires: Editorial Sudamericana, 1962.

Vargas, Eloísa. *Estructura ajena*. 1ª ed. México: Aguilar, 1955.

EJEMPLO DEL FORMATO APA

Este hecho se ha estudiado desde varios puntos de vista. Las opiniones de Lagos (1975b), Resnick (1975) y Quijano (1967) han sido de gran valor en este estudio. Debe notarse, sin embargo, que no todos los investigadores[1] están de acuerdo.

Notas

[1]Entre los investigadores de renombre que se han opuesto a esta teoría están Alonso Porras (1964), Gerald Murphy (1926) y Gary Parker (1976).

Referencias

Lagos, J. V. 1975a. *Formaciones sociales y demográficas del mundo hispanoamericano*. Lima: Instituto de Estudios Sociales.

Lagos, J. V. 1975b. *Lengua y sociedad*. Lima: Instituto de Estudios Sociales.

Quijano, A. 1967. La urbanización de la sociedad en Latinoamérica. *Revista Mexicana de Sociología*, *29* (4), 669–703.

Resnick, M. 1975. *Phonological Variants and Dialect Identification in Latin American Spanish*. The Hague: Mouton.

Se notará que dentro del texto mismo, se indica que la información se tomó de otro texto o fuente en forma diferente. El formato MLA utiliza los números de las notas, mientras que el formato APA utiliza el apellido del autor más la fecha de publicación de la obra. En los dos casos, es fácil para el lector determinar de dónde se tomaron los datos. En el primer caso, consulta la lista de notas buscándolas por su número; en el segundo, usa la lista ᵈe referencias y busca el nombre del autor y la obra publicada en la fecha citada.

La documentación del trabajo literario

En esta sección se darán algunos ejemplos de la forma en que las notas y el contenido bibliográfico aparecen en un trabajo sobre literatura escrito en lengua española. Se seguirá el formato establecido por el *Modern Language Association* en el manual *MLA Handbook*.[2] Debe notarse que el estilo usado para documentar las notas es diferente del que se utiliza en la bibliografía.

NOTAS

Libro escrito por un autor

[1]Alfredo Hermenegildo, *Los trágicos españoles del siglo XVI* (Madrid: Raycar, S.A. Impresores, 1961), pág. 24.

[2]J.P.W. Crawford, *Spanish Drama Before Lope de Vega* (Philadelphia: University of Pennsylvania Press, 1967), págs. 8–9.

Libro escrito por más de un autor

[1]Angel Del Río y Amelia A. de Del Río, *Antología general de la literatura española* (New York: Holt, Rinehart and Winston, 1966), pág. 87.

Contribución de un autor en una obra editada por otro(s)

[1]Jorge Gándara Ochoa, «Los países del tercer mundo», en *Ensayos sobre política actual*, ed. Esteban Silva Amurati (México: Grajeda Editores, 1978), págs. 65–78.

Artículo

[5]J. L. Heller y R. L. Grismer, «Seneca in the Celestinesque Novel», *Hispanic Review*, 12 (1944), pág. 32.

---

[2]El grupo bibliográfico del *Modern Language Association* ha empezado una revisión total del *MLA Handbook*. Actualmente, sin embargo, están en vigencia las normas aquí citadas.

BIBLIOGRAFIA

Libro escrito por un autor

Hermenegildo, Alfredo. *Los trágicos españoles del siglo XVI*. Madrid: Raycar, S.A. Impresores, 1961.

Crawford, J.P.W. *Spanish Drama Before Lope de Vega*. Philadelphia: University of Pennsylvania Press, 1967.

Libro escrito por más de un autor

Del Río, Angel y Amelia A. de Del Río. *Antología general de la literatura española*. New York: Holt, Rinehart and Winston, 1966.

Contribución de un autor en una obra editada por otro(s)

Gándara Ochoa, Jorge. «Los países del tercer mundo». En *Ensayos sobre política actual*. Ed. Esteban Silva Amurati. México: Grajeda Editores, 1978. págs. 60–96.

Artículo

Heller, J. L. y R. L. Grismer. «Seneca in the Celestinesque Novel». *Hispanic Review*, 12 (1944), 29–48.

Abreviaturas

Las siguientes abreviaturas pueden ser de utilidad en la documentación del trabajo de investigación.

TERMINOLOGIA Y ABREVIATURAS USADAS FRECUENTEMENTE EN LA DOCUMENTACION			
Inglés	*Abreviatura*	*Español*	*Abreviatura*
First edition	1st ed.	Primera edición	1ª ed.
Second edition	2d ed.	Segunda edición	2ª ed.
Third edition	3d ed.	Tercera edición	3ª ed.
Fourth edition	4th ed.	Cuarta edición	4ª ed.
Translator	trans.	Traductor	trad.
Editor(s)	ed(s).	Editor(es)	ed(s).
Volume	vol.	Volumen	vol.
Number	no.	Número	núm.
No date	n.d.	Sin fecha	s.f.
No pagination	n. p.	Sin paginación	s. pág.
Page	p.	Página	pág.
Pages	pp.	Páginas	págs.
Anonymous	anon.	Anónimo	anón.

Antes de comenzar a escribir: Ejercicios

A. ***Práctica con la documentación.*** Escriba la lista a continuación en la forma apropiada para notas. Use el formato establecido por el *Modern Language Association* en el libro *MLA Handbook*.

1. En 1974 Houghton Mifflin (Boston) publicó un libro titulado *Cuba Under Castro: The Limits of Charisma*, que fue escrito por Edward González.

2. El novelista Rudolfo A. Anaya escribió *Bless Me, Ultima*, que fue publicado por Quinto Sol (Berkeley) en 1972.

3. Dick Gerdes escribió un artículo, «Cultural Values in Three Novels of New Mexico», que apareció en el volumen III, núm. 3 (septiembre-diciembre, 1980) de *La Revista Bilingüe*.

4. En 1980 McGraw-Hill (New York) publicó un libro que se llama *Las Mujeres: Conversations from a Hispanic Community*, escrito por Nan Elsasser, Kyle MacKenzie e Yvonne Tixier y Vigil.

5. Greenwood Press de Nueva York publicó una segunda edición de *North from Mexico* por Carey McWilliams en 1968.

6. El volumen 64 de mayo de 1981 de *Hispania* incluye en las páginas 264–266 un artículo titulado «A Conversation Course through Cross-Cultural Conflicts», escrito por María Capote.

7. En 1954, The Noonday Press (New York) publicó una traducción de algunos de los ensayos de José Martí titulada *The America of José Martí*. La traducción fue hecha por Juan de Onís.

Ahora, vuelva a escribir la lista anterior dándole la forma apropiada para presentar una bibliografía.

B. ***Práctica con el uso de la paráfrasis.*** Lea los párrafos a continuación. Haga una paráfrasis de la información e indique la fuente de procedencia con una nota. Siga el formato del *MLA Handbook*.

1. El párrafo que sigue aparece en la página 47 de *Los cuentos de René Marqués* por Esther Rodríguez Ramos. Fue publicado por la Editorial Universitaria de la Universidad de Puerto Rico en 1976.

   El tema principal de los cuentos de René Marqués puede resumirse en pocas palabras: la realidad sociopolítica puertorriqueña. Ciertamente el autor aborda con frecuencia temas de evidentes proyecciones universales tales como el tiempo, la muerte, la enajenación del ser humano o la angustia existencial. Sin embargo, no solamente los vincula de modo directo con la realidad sociopolítica de su país, sino que casi siempre los subordina a ella. Partiendo de esta premisa, comentaremos a continuación los tres núcleos principales de estos cuentos: el político, el social y el filosófico.

2. En 1966, Ediciones de Andrea (México) publicó la *Historia de la novela hispanoamericana* por Fernando Alegría. La introducción a la segunda parte (pág. 113) incluye el párrafo que sigue.

La novela hispanoamericana, como se ha visto, experimenta en un período de tiempo relativamente corto cambios de orientación literaria que tardaron siglos en madurar y cristalizarse en otras literaturas. Del romanticismo, ya sea anecdótico, sentimental, histórico o político, la novela hispanoamericana ha evolucionado, a la par de la europea, hacia el realismo y el naturalismo.

C. ***Práctica con las fuentes de información.*** Basándose en las fuentes que se mencionan en las páginas 177–178, busque *tres* títulos que contengan información sobre cada uno de los siguientes temas. Uno de los títulos debe ser de un libro, y otro de un artículo de alguna revista.

1. Los conflictos entre la iglesia y el estado en Latinoamérica

2. La poesía afrocubana

3. La influencia del inglés en el español

4. La generación del 98 en España

ETAPA DOS: LA REDACCION

Cómo se escribe un trabajo de investigación

Para escribir un trabajo de investigación, siga el siguiente proceso.

1. Seleccione un tema general. En algunos casos, el profesor sugerirá los temas sobre los cuales se escribirá. En otros casos, Ud. tendrá absoluta libertad de seleccionar el tema, siempre que éste se relacione con la materia que se estudia. Al escoger un tema, importa a) que Ud. sepa algo de la materia en general; b) que no intente tratar un tema sobre el cual ya se ha escrito mucho; y c) que exista la información necesaria en la biblioteca para investigar el tema.

2. Haga la lectura preliminar. En esta primera etapa, la lectura tiene como fin enterarse de lo que ya se ha escrito sobre el tema y lograr descubrir algún aspecto específico que pueda enfocarse. En algunos casos, hay que abandonar el tema después de este paso si se descubre que no hay suficiente material en la biblioteca que trate el tema con la extensión o profundidad que se necesita.

3. Limite el tema. Después de terminar la lectura preliminar, se sigue el proceso que se estudió en el Capítulo 4 para limitar el tema. Escoja un solo aspecto del tema general que pueda tratar a fondo, preferiblemente uno que se relacione con el material que se ha estudiado en clase, o que permita la aplicación de la teoría que se ha comentado durante el curso.

En algunos casos, es útil elaborar un esquema preliminar que incluya las ideas y/o los datos que el escritor piensa que puede encontrar y verificar a través de su lectura. Este esquema sólo ha de servir como una guía de ideas generales y no para la organización del trabajo.

4. *Elabore una tesis preliminar.* La tesis de un trabajo de investigación se elabora lo mismo que la tesis de un trabajo más breve: se hacen preguntas de enfoque hasta determinar qué pregunta se va a contestar a través del escrito. La tesis preliminar se utiliza para concentrar la lectura sobre un aspecto específico.

5. *Enfoque la lectura.* Un vez seleccionada la pregunta de enfoque que Ud. va a contestar, empiece la investigación a fondo. Lea lo más exhaustivamente posible sobre el aspecto que comentará.

6. *Tome apuntes.* Al leer, tome apuntes sobre aspectos importantes que se relacionan con la tesis. Incluya la información bibliográfica de cada uno de los datos escogidos.

7. *Organice la información que ha obtenido a través de la investigación.* Antes de elaborar un esquema general del trabajo, examine los datos que encontró. Importa determinar qué aspectos contestan la pregunta de enfoque y cómo pueden organizarse para que causen mayor impacto. Este paso también permite al escritor enterarse de cuáles preguntas quedan todavía sin investigarse a fondo.

8. *Elabore la tesis definitiva.* Decida si es necesario cambiar la tesis preliminar para reflejar lo que ha aprendido sobre el tema o para enfocar algún aspecto con más precisión.

9. *Haga un esquema general del trabajo.* En este paso, elabore un esquema detallado del trabajo en su totalidad; es decir, decida cómo organizará el escrito. El esquema reflejará el orden en el cual se presentarán los diferentes datos.

10. *Escriba la primera versión del trabajo.* Siga el esquema elaborado en la etapa anterior y escriba una primera versión del trabajo.

11. *Escriba la documentación para el trabajo.* Documente todos los datos que haya incluido en su trabajo y prepare la bibliografía.

12. *Revise el trabajo.* Haga la revisión de los aspectos gramaticales y estructurales.

Tarea

Elabore un esquema que contenga una bibliografía para un trabajo de investigación. Con éste, incluya Ud.:

1. El tema general de la investigación

2. La tesis preliminar

3. El esquema

4. La bibliografía de diez obras (cinco libros y cinco artículos) sobre el tema

Capítulo 12: La respuesta en forma de ensayo

ETAPA UNO: ANTES DE REDACTAR

La respuesta en forma de ensayo

Un ensayo es un tipo de prosa que brevemente analiza, interpreta o evalúa un tema. La tesis de un ensayo puede desarrollarse usando las mismas técnicas de la exposición—la definición, la comparación y el contraste, la clasificación, el análisis—pero comparado con la exposición el ensayo refleja en gran medida el juicio personal del escritor. Mientras que el propósito de la exposición es reportar e informar, el ensayo pretende interpretar la información y evaluarla según la perspectiva del autor. El ensayo se considera un género literario al igual que la poesía, la ficción y el drama.

Otro tipo de ensayo que muchos estudiantes conocen es la respuesta más o menos extensa que tienen que escribir en un examen. Un examen que requiere respuestas en forma de ensayo consiste en una serie de preguntas generales sobre algún tema. El alumno contesta escribiendo un breve ensayo como respuesta a cada pregunta. Esta clase de examen no pide que el estudiante escriba una obra literaria sino que demuestre de manera organizada y coherente su comprensión de cierta materia.

Al contestar un examen de ensayo, el estudiante revela al profesor:

1. Los conceptos que comprendió y los conocimientos que asimiló durante el curso
2. La forma en que puede aplicar estos conceptos a nuevas situaciones o experiencias
3. La forma en que puede organizar la información (los conceptos que aprendió) y apoyar generalizaciones sobre el tema
4. La originalidad con la cual presenta soluciones o respuestas
5. Su habilidad en utilizar las ideas y el vocabulario del curso

Al responder a una pregunta con una respuesta de ensayo:

1. Se debe hacer de cuenta que se escribe para un lector que, aunque
es inteligente y educado, no conoce a fondo la materia tratada.
Esto impedirá que se dejen fuera algunos elementos
fundamentales que sirven de base a la respuesta. El objetivo
principal debe ser lucir o demostrar los conocimientos que se
tengan sobre el tema en la forma más completa posible.

2. Se escribe la respuesta utilizando cualquier técnica de desarrollo
que parezca apropiada.

3. Se expresa y se defiende el juicio personal sobre el tema según lo
requiera la pregunta.

4. Se utiliza un tono relativamente formal. Preferiblemente, deben
evitarse el humor y el sarcasmo.

5. Se tiene cuidado de que la tesis de la respuesta responda
directamente a la pregunta que se contesta.

Dada la situación particular en que se escribe (límite de tema, límite de tiempo, etcétera)
el desarrollar respuestas en forma de ensayo puede ser difícil para muchos alumnos porque
es necesario elaborarlas rápidamente sin tener la oportunidad de planear cuidadosamente ni
de revisar lo escrito con detenimiento. Sin embargo, el estudiante que siente confianza en su
habilidad de presentar información por escrito encontrará que el hacerlo en un tiempo limitado no cambia lo que es fundamental en este proceso. Cuando se contesta una pregunta por
medio de un ensayo, el orden que se sigue al escribir es el mismo que se sigue al escribir una
exposición cualquiera. Primero se decide con qué propósito se escribe; es decir, ¿se va a
analizar, a hacer un contraste o a definir? Luego se elabora una tesis que conteste la pregunta
directamente; se recuerdan detalles y ejemplos que apoyen la tesis; y finalmente se organiza
la respuesta en un orden lógico y coherente.

La respuesta en forma de ensayo: Modelo y análisis

Modelo

Pregunta

Describa las características estructurales de la novela picaresca española.

Respuesta

Párrafo 1:   La novela picaresca española es un tipo de novela que se escribió durante
Introducción   los siglos XVI y XVII. <u>Su estructura se caracteriza por cuatro rasgos</u>
Definición   <u>distintivos importantes.</u>
Tesis

Párrafo 2: En primer lugar, la novela picaresca española es autobiográfica. El protagonista cuenta en primera persona sus propias aventuras. Los demás personajes se ven a través de sus ojos.

Párrafo 3: La segunda característica importante se relaciona con la vida del pícaro. La novela picaresca cuenta las aventuras de éste en su interacción con los diferentes amos a quienes sirve. La sucesión de amos incluye una galería de tipos humanos que reflejan la realidad social de la España de esa época.

Párrafo 4: Todas las obras picarescas se caracterizan por su estructura episódica. Cada una de las aventuras del pícaro forma un episodio distinto en la novela. La única relación entre los episodios es la presencia del pícaro. La novela picaresca no parece seguir un plan de desarrollo fijo. Generalmente pueden añadirse o quitarse capítulos o episodios sin alterar seriamente la novela.

Párrafo 5: Finalmente, la novela picaresca se caracteriza por su perspectiva de la realidad. Lo picaresco es, ante todo, una forma de ver la vida. El pícaro, amargado por sus experiencias, sólo logra ver los aspectos más infames de la sociedad. No le es posible enfocar su visión en lo noble, lo bueno y lo heroico.

Análisis

Tema

Esta respuesta en forma de ensayo se ha limitado rígidamente al tema de la pregunta. La pregunta pide una descripción de las características y, por lo tanto, la respuesta se limita a hacer una lista de cuatro elementos dando la suficiente información sobre cada uno para demostrar que se tiene conocimiento de la materia. Dada la forma en que se ha presentado la pregunta, no vendría al caso que quien escribe la respuesta diera su propia opinión sobre la novela picaresca en general, y por lo tanto una evaluación del género resultaría innecesaria.

Organización

Esta respuesta consta de cinco párrafos. El primer párrafo sirve de introducción. Aquí se presenta una definición a grandes rasgos del género, situándolo dentro de un marco histórico. Este párrafo también contiene la tesis, la cual contesta directamente la pregunta que se hizo. Establece que hay cuatro características importantes de la novela picaresca.

El segundo párrafo se dedica a comentar una de las cuatro características, el hecho de que la novela tiene una estructura autobiográfica. Para explicar, o quizás para dar a entender al profesor que domina el concepto, el estudiante incluye otros detalles sobre el uso de la primera persona en el relato y sobre la perspectiva que se mantiene dentro del mismo.

El tercer párrafo presenta la segunda característica de la novela picaresca. Como en el párrafo anterior, aquí también se menciona un elemento clave: la presencia de una serie de amos que reflejan la realidad social de la época. Este párrafo contiene lo esencial para explicar lo que se propone. No se dan ejemplos ni se intenta decir más de lo que es fundamental.

El cuarto párrafo contiene la discusión de lo que, según el estudiante, es la tercera característica importante. Aquí se habla de la estructura de la novela. Se enfoca lo que es excepcional en ella, o sea en el hecho de que los episodios tienen poca relación entre sí. Se citan detalles que ilustran esta característica: « ...pueden añadirse o quitarse capítulos o episodios sin alterar seriamente la novela».

El párrafo final presenta lo que para el estudiante es la última característica importante: la amarga perspectiva que se encuentra en la novela picaresca. Este elemento se menciona brevemente.

Punto de vista y tono

Esta respuesta está escrita en tercera persona. El tono es absolutamente neutral y la actitud del escritor hacia el tema no alcanza a asomarse.

Aspectos estructurales

El enfoque específico de la respuesta de ensayo

Al escribir una respuesta en forma de ensayo, lo más importante es estructurarla para que responda directamente a lo que pide la pregunta. En otras palabras, lo crucial es *contestar la pregunta*. Esto quiere decir que se tendrá cuidado en interpretarla, ceñirse a lo que pide y no incluir ninguna información innecesaria.

Las preguntas que requieren un ensayo como respuesta, por lo general, piden que el estudiante se aproxime al tema de manera específica. El verbo imperativo que se utiliza en la pregunta casi siempre indica exactamente qué perspectiva debe tomarse. Es importante, entonces, que el estudiante ponga especial atención a esta dimensión de las preguntas.

A continuación se presentan varios ejemplos de preguntas que piden una respuesta en forma de ensayo y en las cuales se examinarán los verbos imperativos.

1. Analice *la estructura del Poema del Cid.*

Un análisis examina las diferentes partes o elementos de un conjunto o entidad. Aquí la respuesta tendría que incluir una discusión de las divisiones principales de la obra, de la acción dentro de cada una de esas divisiones, de la versificación y su función, etcétera.

2. Describa *al personaje principal del Poema del Cid.*

La respuesta a esta pregunta incluiría una descripción física del personaje (su gran fuerza, por ejemplo) y una descripción de su carácter (su valentía, lealtad, etcétera).

3. Explique *el verso «Dios qué buen vassallo, si oviesse buen señore!»*

Esta pregunta pide que el estudiante interprete el verso citado. Una interpretación pudiera incluir una identificación de la obra de la cual se tomó la cita, del personaje de quien se habla o quizás de su significado dada la acción de la obra.

4. **Compare** *el* **Poema del Cid** *con la épica francesa* **La Chanson de Roland.**

En este caso el estudiante ha de contestar la pregunta mostrando las semejanzas y diferencias entre los dos poemas épicos. La comparación y/o el contraste puede hacerse desde diferentes perspectivas. Pueden compararse las estructuras, los personajes principales, los argumentos, el uso de la versificación y del lenguaje en ambas obras, la realidad histórica, etcétera. Para contestar esta pregunta, es necesario hablar de las *dos* obras.

5. **Defina** *la poesía épica.*

La respuesta a esta pregunta, como lo hace la definición en general, colocaría lo que se define dentro de una clase en general y luego seleccionaría los detalles que hicieran sobresalir las características particulares del género.

6. **Comente** *lo siguiente: El* **Poema del Cid** *idealiza la venganza.*

En este caso, el estudiante tendrá que determinar si hay aspectos de la obra que puedan interpretarse como una idealización de la venganza. Según su conocimiento o comprensión de la obra, el estudiante estará de acuerdo o rechazará tal afirmación, presentando su interpretación lógicamente y apoyándola con ejemplos tomados de la obra.

El enfoque específico de la respuesta en forma de ensayo, entonces, depende de la pregunta. Antes de empezar a escribir es necesario leer con cuidado cada pregunta y, si es posible, subrayar el verbo imperativo. Además de los verbos que se incluyeron en esta discusión, con frecuencia aparecen los siguientes:

Aclare: Explicar según el contexto específico de una obra
Resuma: Dar los puntos principales de un ensayo u obra literaria
Enumere: Nombrar los elementos
Cite: Dar ejemplos

Algunos imperativos utilizados en esta clase de preguntas, por ejemplo *analice* o *compare*, automáticamente imponen una técnica de desarrollo. Otros, sin embargo, como *explique* o *comente*, permiten que el alumno decida desde qué punto de vista quiere aproximarse a la pregunta.

La elaboración de la tesis de una respuesta en forma de ensayo

La respuesta en forma de ensayo tiene que escribirse de manera que conteste directamente a la pregunta. Para lograr esto, se puede convertir la pregunta misma en una oración que sirva como tesis del ensayo que se va a desarrollar. Obsérvense los siguientes ejemplos:

Pregunta: Compare la poesía lírica con la poesía épica.
Tesis: Hay tres diferencias principales entre la poesía lírica y la poesía épica.
Pregunta: Analice el impacto de la Alianza para el Progreso en los países latinoamericanos.
Tesis: Es posible ver los efectos de la Alianza para el Progreso en la economía, la sociedad y la política de varios países latinoamericanos.

Pregunta: Comente el conflicto entre Ignacio y Carlos en *En la ardiente oscuridad*.

Tesis: El conflicto entre Ignacio y Carlos forma uno de los ejes alrededor del cual gira la obra. Por un lado fue motivado por ciertas diferencias filosóficas entre los dos jóvenes y por otro, por rivalidades amorosas. La resolución del conflicto no es una resolución definitiva, ya que plantea otro conflicto para Carlos.

Antes de comenzar a escribir: Ejercicios

A. **Trabajo de la clase entera.** Lean las preguntas de ensayo que se dan a continuación y discútanlas, comentando qué es lo que pide cada pregunta.

1. Enumere los problemas fonéticos que podrían tener los angloparlantes al aprender español.

2. Compare la actitud ante la muerte en *Al filo del agua* y *Pedro Páramo*.

3. Comente la importancia de Echeverría en la literatura argentina.

4. Describa el sistema de educación en el imperio incaico.

5. Explique el papel de la Iglesia Católica en la colonización de las Américas.

6. Identifique los personajes grotescos en *El señor Presidente* y discuta su importancia en la obra.

B. **Trabajo en pequeños grupos.** Divídanse en grupos de tres o cuatro.

1. Cada grupo debe escoger una de las siguientes preguntas y escribir una tesis.

    a. Haga una comparación y/o un contraste entre la influencia de los moros y la de los visigodos en España (o entre la influencia de los ingleses y la de los españoles en la colonización de los Estados Unidos).

    b. Describa el imperio azteca a la llegada de los españoles.

    c. Enumere los idiomas principales del hemisferio occidental e indique dónde se hablan.

    d. Explique la diferencia entre un idioma y un dialecto.

    e. Comente la importancia de César Chávez para los trabajadores campesinos.

    f. Analice los efectos del accidente nuclear ocurrido en Pensilvania en la actitud de los ciudadanos estadounidenses hacia la energía nuclear.

2. Pasen la pregunta con la tesis al grupo de la derecha. Preparen un esquema para la tesis que acaban de recibir. El esquema debe incluir las oraciones temáticas y algunos detalles de apoyo.

3. Júntense todos otra vez para discutir las preguntas y los esquemas desarrollados. ¿Se ha contestado la pregunta? ¿Falta algo? ¿Se debe eliminar algún detalle?

ETAPA DOS: LA REDACCION

Cómo se escribe una respuesta en forma de ensayo

Para escribir una buena respuesta en forma de ensayo conviene seguir el siguiente proceso.

1. Es necesario prepararse para el examen. Repase los apuntes tomados en clase y estudie su libro de texto. Es útil formular y contestar preguntas de ensayo sobre aspectos de importancia.

2. A la hora del examen, examine las preguntas cuidadosamente para:

   a. Determinar qué pide el examen (cuántas preguntas tienen que contestarse)

   b. Decidir cómo dividir el tiempo

3. Antes de contestar cada una de las preguntas:

   a. Estudie la pregunta para estar seguro de que la comprende.

   b. Determine cuál es el propósito de la pregunta.

   c. Elabore una tesis que responda directamente a la pregunta.

   d. Haga un esquema breve y apunte los detalles de apoyo.

4. Escriba sin perder tiempo teniendo cuidado de no apartarse del tema.

5. Evite el uso de toda información innecesaria.

6. Después de contestar todas las preguntas, revíselas rápidamente.

Tarea

Busque un examen viejo en el cual Ud. haya desarrollado respuestas de ensayo. Analice el examen de acuerdo con las siguientes indicaciones:

1. Examine cada una de las preguntas cuidadosamente.

2. Subraye el verbo imperativo en cada pregunta.

3. Identifique la tesis de cada una de las respuestas. ¿Responde a la pregunta? Modifique la tesis según sea necesario o elabórela en los casos en que no se haya incluido una tesis en la respuesta original.

4. Examine los detalles que se incluyeron en cada respuesta. ¿Se relacionan con la tesis? ¿Responden directamente a la pregunta?

5. Escoja una de las respuestas y haga una revisión de la misma. Compare las dos versiones de la respuesta.

Vocabulario español-inglés

This vocabulary does not include exact or reasonably close cognates with English; also omitted are common words well within the mastery of third-year students.

The gender of all nouns is indicated, but feminine variants are not listed. Adjectives are given only in the masculine singular form. Irregular verbs are noted, and both stem changes are indicated for radical changing verbs.

The following abbreviations are used in this vocabulary:

adj.	adjective	*m.*	masculine noun
adv.	adverb	*pl.*	plural
conj.	conjunction	*prep.*	preposition
f.	feminine noun	*rel. pro.*	relative pronoun
inf.	infinitive	*v.*	verb
irreg.	irregular		

A

abarcar *v.* to embrace, encompass
abecedario *m.* alphabet
abertura *f.* opening
abono *m.* fertilizer
abordar *v.* to undertake, approach
abrogar *v.* to repeal, revoke
acariciar *v.* to caress
acaso *adv.* perhaps; by chance
acera *f.* sidewalk
acertado *adj.* correct, proper
acierto *m.* success
aclarar *v.* to clarify
acomodarse *v.* to settle into a comfortable position
acontecimiento *m.* event
acrecentar (ie) *v.* to increase
acrítico *adj.* acritical

actual *adj.* present, of the present time
acuerdo *m.* agreement; **de acuerdo con** *prep.* in accordance with
adelantar *v.* to advance
además *adv.* moreover; **además de** *prep.* besides
adherido *adj.* joined, stuck together
adivinar *v.* to guess; to divine, make out
adquirir (ie) *v.* to acquire
advertencia *f.* warning; advice
advertir (ie, i) *v.* to notice
afán *m.* zeal, eagerness
aficionado *m.* fan, enthusiast
afuera *adv.* outside
agonizar *v.* to be dying; to agonize

agotar *v.* to exhaust, use up
agradecimiento *m.* gratefulness, gratitude
agravar *v.* to aggravate, make worse
agregar *v.* to add
agrupar *v.* to group together
agudo *adj.* sharp
águila *f.* eagle
agujero *m.* hole
ahogar *v.* to drown, suffocate
aislado *adj.* isolated
aislamiento *m.* isolation
ajeno *adj.* another's
alambrado *m.* wire fence
alargar *v.* to lengthen
alcanzar *v.* to reach; **alcanzar a** + *inf.* to succeed in (*doing something*)

alejarse *v.* to withdraw, move away

algas *f. pl.* algae; seaweed

algodón *m.* cotton

aliarse *v.* to become allied

alistar *v.* to enlist, enroll

alma *f.* soul, spirit

almohada *f.* pillow

alojado *adj.* lodged, quartered

alubia *f.* bean

aludir *v.* to allude, refer to

amanecer *v.* to dawn

amansado *adj.* tamed

amargado *adj.* embittered

amargo *adj.* bitter, painful

ambiente *m.* atmosphere

ámbito *m.* ambit, sphere

ambos *adj.* both

amenazar *v.* to threaten

amo *m.* master

amparar *v.* to shelter

ampliar *v.* to extend, widen

amplio *adj.* ample, extensive

anárquico *adj.* anarchical, lawless

ancho *adj.* wide, full

anfibio *m.* amphibian

angloparlante *m.* English speaker

angosto *adj.* narrow

angustia *f.* anguish, anxiety

anillo *m.* ring *(jewelry)*

ánimo *m.* spirit; mind

ante *prep.* in front of, before

antemano: de antemano *adv.* beforehand

anteriormente *adv.* before

antes *adv.* before; **antes de** *prep.* before

antiguamente *adv.* formerly

aparato *m.* system *(anatomy)*

aparcería *f.* contract

apartar *v.* to separate, remove

apearse *v.* to dismount, alight

apegarse *v.* to follow closely, adhere to

apelar *v.* to appeal

apoderado *m.* attorney; manager

aportar *v.* to contribute; to bring

apoyar *v.* to support

apoyo *m.* support

apreciar *v.* to appreciate, value

aprendizaje *m.* (act of) learning

aprensión *f.* fear, apprehension

apresuradamente *adv.* hurriedly

aprobar (ue) *v.* to pass *(in a course)*

apuntar *v.* to point out; to write down

apunte *m.* note, memorandum

araña *f.* spider

arco *m.* bow *(musical);* **arco iris** rainbow

ardiente *adj.* passionate, fiery

argumento *m.* plot, argument *(literary)*

arrastrar *v.* to drag, pull

arreglar *v.* to arrange, put in order

arrellanado *adj.* seated at ease

arruga *f.* wrinkle

arrugar *v.* to wrinkle

artesanía *f.* handicrafts

articulación *f.* joint *(anatomy)*

asedio *m.* siege

asegurarse *v.* to make sure

asemejarse a *v.* to resemble

asesinato *m.* murder

asignatura *f.* course, subject *(academic)*

asimilar *v.* to assimilate

asomar *v.* to begin to be seen, show

asombroso *adj.* astonishing

asumir *v.* to assume *(responsibility, command)*

asunto *m.* subject, topic

atar *v.* to tie

atender (ie) *v.* to pay attention

atracar *v.* to make the shore; to moor *(nautical)*

atraer *v. irreg.* to attract

atravesado *adj.* pierced, run through

aula *f.* classroom

autopista *f.* expressway, turnpike

averiguar *v.* to find out, ascertain

B

bananal *m.* banana grove

barba *f.* chin

barbarie *f.* savagery, cruelty

barra *f.* bar, railing

bastar *v.* to suffice

basura *f.* garbage

beca *f.* scholarship

bellacamente *adv.* cunningly

bicho *m.* bug, insect

blando *adj.* feeble, weak

bocacalle *f.* street intersection

bolígrafo *m.* (ballpoint) pen

bondadoso *adj.* kind

borrador *m.* rough draft

bosquejo *m.* sketch; unfinished composition; outline

brincar *v.* to jump, skip

bulto *m.* shape, bulk

burlador *m.* seducer

burlesco *adj.* comical, burlesque

C

cabal *adj.* complete

cabalgar *v.* to ride on horseback

caballeresco *adj.* chivalrous, of chivalry

cabello *m.* hair

cabo *m.* end; **al cabo de** *prep.* at the end of, after; **llevar a cabo** *v.* to carry out

cadena *f.* chain

cafetera *f.* coffeepot

caja *f.* strongbox, box; **caja del tímpano** middle ear

calificación *f.* judgment; grade *(academic)*

caligrafía *f.* penmanship

calza *f.* stocking, hose

callarse *v.* to keep silent

camarada *m.* comrade

camisón *m.* nightdress

campeón *m.* champion

cancha *f.* field *(sports)*

capaz *adj.* capable

captar *v.* to capture; to attract; to perceive; to draw, depict *(a person, character)*

caracol *m.* cochlea *(of the ear)*

carcajada *f.* guffaw; **reírse a carcajadas** *v.* to laugh heartily

carecer: carecer de *v.* to lack

caridad *f.* charity

cariño *m.* affection

carruaje *m.* coach, carriage

caso: hacer caso *v.* to pay attention

castigar *v.* to punish

castigo *m.* punishment

casucha *f.* hut

caudaloso *adj.* carrying much water *(of a river)*

ceder *v.* to cede, yield; to give in

célebre *adj.* famous

censura *f.* censure, censorship

ceñirse (i, i) *v.* to limit oneself

cerebro *m.* brain

certidumbre *f.* certainty

cerumen *m.* earwax

cinta *f.* ribbon; sash; tape *(for recording)*

cita *f.* date, appointment; quotation

citar *v.* to quote

clave *f.* key

clavija *f.* peg

coacción *f.* coercion

cobija *f.* cover, covering; blanket

cobrar *v.* to acquire, gain

cola: hacer cola *v.* to stand in line

colocar *v.* to place

colorante *adj.* coloring, tinting

columpiar *v.* to swing, sway

comestible *adj.* edible

cometer *v.* to commit

comoquiera: comoquiera que *conj.* however

compartir *v.* to share

compás *m.* rhythm; **al compás de** *prep.* in step with

compensar *v.* to compensate, make up for

comprimir *v.* to condense

concebir (i, i) *v.* to conceive *(mentally)*

concordancia *f.* agreement

concordar (ue) *v.* to agree

concretizar *v.* to make clear, make explicit

concurso *m.* competition, contest

conducir *v.* to lead

conferencia *f.* lecture

confianza *f.* confidence

confitura *f.* candied fruit

conjunto *m.* whole, entirety; group; **en conjunto** *adv.* as a whole

conscripción *f.* draft *(military)*

conseguir (i, i) *v.* to attain *(a goal)*

consejo *m.* council; advice

consiguiente *adj.* consequent; **por consiguiente** *adv.* consequently

constar *v.* to be clear; **constar de** to consist of

constituir *v.* to constitute

consuelo *m.* consolation, comfort

consuno; de consuno *adv.* jointly

contador *m.* accountant

continuación: a continuación *adv.* immediately following

contradecir *v. irreg.* to contradict, oppose

conveniente *adj.* suitable

convenir *v. irreg.* + *inf.* to be a good idea *(to do something)*

corriente *adj.* commonplace, usual

cosecha *f.* harvest

cosquillas *f. pl.* tickling

criarse *v.* to be raised, be reared

criatura *f.* infant, child

criollismo *m.* literary movement with focus on Latin American themes

cruzada *f.* crusade

cruzar *v.* to cross

cuello *m.* collar

cuenta: darse cuenta *v.* to realize; **a fin de cuentas** *adv.* in the end; **hacer de cuenta** *v.* to pretend; **tener en cuenta** *v.* to keep in mind; **tomar en cuenta** *v.* to consider; **en resumidas cuentas** *adv.* in short

cuento *m.* story

cuerda *f.* key; string *(musical)*

cuero *m.* leather, hide

cueva *f.* cave

culpa *f.* fault

cumplir *v.* to complete, fulfill

cuño *m.* stamp, die

cursar *v.* to study

cuyo *rel. pro.* whose

Ch

chato *adj.* flat-nosed, pug-nosed; short

cholo *m.* half-breed

choza *f.* hut

D

dar *v. irreg.:* **dar a** to face; **dar en** to begin to; **dar las** _____ to strike _____o'clock; **dar por sabido** to consider it known

dato *m.* fact

decepcionado *adj.* disappointed

decir: querer decir *v.* to mean

defectuoso *adj.* defective, faulty

deformante *adj.* deforming

deletrear *v.* to spell

delito *m.* crime

demografía *f.* demography; population study

dependiente *m.* employee

deporte *m.* sport

deprimente *adj.* depressing

deriva: a la deriva *adv.* adrift

derrota *f.* defeat

desafiar *v.* to challenge, defy

desagradecido *m.* ungrateful person

desalentador *adj.* discouraging, disheartening

desamorado *adj.* loveless, cold

desarrollar *v.* to develop

desarrollo *m.* development

desatendido *adj.* neglected, disregarded

descarnado *adj.* bare; crude, blatant

descascarado *adj.* peeling

descender (ie) *v.* to derive, descend from

desconocer *v.* to be ignorant of, not know

desecado *adj.* dried out

desembocar *v.* to lead, go

desempeñar *v.* to fulfill; fill

desempleo *m.* unemployment

desenlace *m.* conclusion, end

desfasado *adj.* outdated

desfigurar *v.* to deform, deface

desgracia: por desgracia *adv.* unfortunately

desmentir (ie, i) *v.* to deny

desmesurado *adj.* excessive, inordinate

despedir (i, i) *v.* to dismiss

despertador *m.* alarm clock

despertar (ie) *v.* to awaken, arouse

desprecio *m.* contempt

desprenderse *v.* to issue from; to be deduced from

desquite *m.* compensation

destacar *v.* to emphasize

desventaja *f.* disadvantage

desvestir (i, i) *v.* to undress

detallar *v.* to detail

detenerse *v. irreg.* to stop, linger

detenimiento *m.* care, thoroughness

devolver (ue) *v.* to return *(something to someone)*

diapositiva *f.* slide, transparency

dibujar *v.* to sketch, draw *(a character)*

dichoso *adj.* happy

diferencia: a diferencia de *prep.* unlike

difunto *m.* deceased person

dirigir *v.* to direct; **dirigirse a** to go to, toward

disimulado *adj.* concealed

disminuir *v.* to diminish, decrease

disponer *v. irreg.* to dispose; to command; **disponer de** to have at one's disposal, have available

divulgar *v.* to spread *(news)*

docente *adj.* educational

dubitativo *adj.* doubtful, dubious

dueño *m.* owner

dulce *adj.* sweet; fresh *(of water)*

durar *v.* to last

durazno *m.* peach

E

edad *f.* age

eficazmente *adv.* effectively

eje *m.* axis

ejecutar *v.* to execute, perform

ejercer *v.* to practice, exercise

elegir (i, i) *v.* to choose, select

embargo: sin embargo *adv.* nevertheless

emitir *v.* to express

emotivo *adj.* emotional

empresa *f.* business, company

enajenación *f.* alienation

enamorarse *v.* to fall in love

encajar *v.* to fit in, be appropriate

encaminar *v.* to set out for

encapotado *adj.* cloaked

encargado *adj.* responsible (for); *m.* person in charge

encender (ie) *v.* to turn on

enderezar *v.* to straighten

endolinfa *f.* endolymph *(watery fluid in inner ear)*

enfatizar *v.* to emphasize

enfermedad *f.* illness

enfermera *f.* nurse

enfocar *v.* to focus

engañar *v.* to deceive

enmarcar *v.* to frame

enmascarado *adj.* masked

enmienda *f.* amendment

enojado *adj.* angry

enrojecido *adj.* reddened, red

ensanchar *v.* to widen, broaden

ente *m.* being

enterarse (de) *v.* to find out (about)

entero *adj.* whole, entire

entidad *f.* entity

entregar *v.* to turn in, deliver

entrenador *m.* trainer, coach

equipo *m.* team

erudito *m.* scholar

esbelto *adj.* svelte, slender

escala *f.* scale

escalera *f.* stairs

escape: a escape *adv.* at full speed

escasamente *adv.* scarcely

escasez *f.* scarcity

escena *f.* scene

escenario *m.* stage

escoger *v.* to choose, select

escolar *adj.* scholastic

esconder *v.* to hide

escudo *m.* coat of arms

escultura *f.* sculpture

esfera *f.* sphere

espalda *f.* back

espantable *adj.* frightful

espantoso *adj.* frightful

esperanza *f.* hope

espuela *f.* spur

esquema *m.* outline

esquematizar *v.* to outline

estación *f.* season *(of the year)*; station *(transportation)*

estacionar *v.* to park; to remain stationary

estante *m.* bookcase, shelving

estático *adj.* still, static

estirar *v.* to stretch

estrategia *f.* strategy

estrecho *adj.* narrow; close

estremecerse *v.* to tremble, shake

estribo *m.* stirrup *(bone of ear)*

estrofa *f.* verse, stanza

etapa *f.* step, stage

evitar *v.* to avoid

evolucionar *v.* to evolve

excelso *adj.* exalted, elevated

exigente *adj.* demanding, exacting

éxito *m.* success

experimentar *v.* to experience; to experiment

explotado *adj.* exploited

exponer *v. irreg.* to expose

expuesto *adj.* explained

extraer *v. irreg.* to extract

extranjero *adj.* foreign

F

fabricante *m.* manufacturer

facilidad: con facilidad *adv.* easily

fama *f.* fame, renown

fantasioso *adj.* capricious

faringe *f.* pharynx

fase *f.* phase

ferrocarril *m.* railroad

fiebre *f.* fever

fiel *adj.* faithful, loyal

fijar *v.* to fix; to specify; to secure; **fijarse en** to notice

filatelia *m.* philately, stamp collecting

filo *m.* edge

fin: al fin y al cabo *adv.* at last; lastly; after all

finca *f.* farm; country estate

fingir *v.* to pretend

fisonomía *f.* physiognomy, facial features

flaco *adj.* weak, feeble

flan *m.* custard

foco *m.* focus

fomentar *v.* to promote

fondo *m.* back; **a fondo** *adv.* in depth

forrado *adj.* covered

fortaleza *f.* fortress

forzoso *adj.* inevitable
fragmentarismo *m.*
   fragmentary nature
frente *f.* forehead
fronterizo *adj.* pertaining to the
   frontier
fruición *f.* pleasure, satisfaction
fuente *f.* source
fundir *v.* to unite, merge

G

gallardo *adj.* charming, gallant
gana: de buena gana *adv.*
   heartily
gancho *m.* hook
garabato *m.* scribble, scrawl
género *m.* genre *(literature);*
   gender *(grammar)*
gesta *f.* epic poem
gestión *f.* management
girar *v.* to turn around, revolve
giro *m.* expression, turn of
   phrase
golpe *m.* blow
gorra *f.* cap
gota *f.* drop
grafémico *adj.* graphemic,
   pertaining to letters of the
   alphabet
grama *f.* grama grass, Bermuda
   grass
grueso *adj.* heavy, stout
guante *m.* glove
guardería *f.* day care center,
   nursery
guía *m.* guide

H

haber: haber de *v.* to be
   (supposed) to
hacha *f.* hatchet
harto *adj.* fed up, sick and tired
helado *m.* ice cream
helar (ie) *v.* to freeze
herida *f.* wound, injury
hinchar *v.* to swell up, become
   swollen
hogar *m.* home
hoja *f.* leaf; sheet
hondo *adj.* deep
horno *m.* oven
huérfano *m.* orphan

hueso *m.* bone
huésped *m.* guest
humedad *f.* humidity

I

imperio *m.* empire
imponer *v. irreg.* to impose
incaico *adj.* Inca, Incan
incapaz *adj.* incapable
inclusive *adv.* even, including
incondicional *adj.*
   unconditional, absolute
inconfundible *adj.* unmistakable
indiano *m.* Spanish-American
indígena *adj.* native, indigenous;
   m. native
indistintamente *adv.* without
   distinction
ineludible *adj.* inevitable
infame *adj.* infamous, vile
ingenuo *m.* naive person
iniciar *v.* to initiate, begin
inolvidable *adj.* unforgettable
inquieto *adj.* restless
ínsula *f.* isle, island
insulso *adj.* meaningless,
   pointless
intentar *v.* to attempt, endeavor
intercambiar *v.* to exchange
interesado *m.* interested party
inundar *v.* to inundate, flood
invertir (ie, i) *v.* to invert,
   reverse
investigación *f.* investigation;
   research
involucrar *v.* to involve
izquierda *f.* left (side); *adj.* left

J

jamás *adv.* never, ever
jubilado *adj.* retired; pensioned
juguetería *f.* toyshop
juicio *m.* judgment, decision
junta *f.* board, council
jurídico *adj.* legal
juventud *f.* youth, young people
juzgado *m.* court, tribunal

L

lacrimógeno *adj.* tear-producing
ladrar *v.* to bark
lana *f.* wool, fleece

lancha *f.* launch, sloop
lata *f.* nuisance
lavabo *m.* washstand; lavatory
lealtad *f.* loyalty, faithfulness
lector *m.* reader
lectura *f.* (act of) reading;
   reading selection
legar *v.* to bequeath
lema *m.* motto, slogan
lenticular *adj.* lenticular *(bone
   of ear)*
lentitud *f.* slowness
ley *f.* law
libra *f.* pound *(weight)*
liga *f.* league; alliance;
   connection
ligar *v.* to tie, join, link
lograr *v.* to achieve, attain; to
   manage (to)
lucidez *f.* lucidity, clarity
luchar *v.* to struggle
lujuria *f.* lust
luto *m.* mourning; **de luto** *adj.*
   in mourning

M

madurar *v.* to mature
madurez *f.* maturity
maduro *adj.* mature
magnetofónico *adj.* recording
   (tape)
maizal *m.* cornfield
maldición *f.* curse
mamífero *m.* mammal
mancha *f.* stain
manejar *v.* to drive; to run; to
   handle
manifestar (ie) *v.* to reveal
mantener *v. irreg.* to maintain
manto *m.* shawl, cloak
maratón *m.* marathon
marco *m.* frame
mármol *m.* marble
martillo *m.* hammer
materia *f.* subject
matizar *v.* to color, tint
matrícula *f.* tuition
matricular *v.* to register, enroll
mayordomo *m.* steward,
   foreman
mayúsculo *adj.* capital *(letter)*
mediante *prep.* by means of
medida *f.* measurement; **a
   medida que** as

medio *m.* (surrounding) medium; means

medir (i, i) *v.* to measure

mejilla *f.* cheek

menosprecio *m.* scorn, contempt

mensaje *m.* message

mentir (ie, i) *v.* to lie

menudo: a menudo *adv.* frequently

mercancía *f.* merchandise

mercantil *adj.* commercial, mercantile

mermelada *f.* jam, marmalade

meter *v.* to put, place

mezcla *f.* mixture

miedo *m.* fear; **tener miedo (de)** *v.* to be afraid (of)

minuciosamente *adv.* thoroughly

minúsculo *adj.* small *(letter)*

mirada *f.* gaze

misa *f.* mass *(religious)*

mitad *f.* half

moda *f.* fashion

modo *m.* manner; **de todos modos** *adv.* at any rate, anyway

molestar *v.* to bother

morder (ue) *v.* to bite

moribundo *adj.* dying

morisco *adj.* Moorish

mostrar (ue) *v.* to show

multiplicidad *f.* multiplicity, great number

muñeca *f.* wrist

muñeco *m.* doll

N

nacimiento *m.* birth; origin

negar (ie) *v.* to deny; **negarse a** to decline, refuse

negociante *m., f.* businessman, businesswoman

negocios *m. pl.* business

ninfa *f.* nymph

niñez *f.* childhood

nivel *m.* level

nocivo *adj.* harmful, injurious

nordomanía *f.* infatuation with the North

noticias *f. pl.* news

nublar *v.* to cloud

nulo *adj.* null, worthless

Ñ

ñoño *adj.* timid, shy

O

obra *f.* work (of art, literature)

obrero *m.* worker, laborer

obstante: no obstante *adv.* nevertheless

ocasionar *v.* to cause, occasion

ocultar *v.* to hide

odiar *v.* to detest, hate

oleaje *m.* breaking waves, waves

olfato *m.* sense of smell

olor *m.* smell, odor

onda *f.* wave

oponer *v. irreg.* to oppose, resist

opuesto *adj.* opposite

oración *f.* sentence

ordenar *v.* to order, classify

oreja *f.* ear, outer ear

orgulloso *adj.* proud

orificio *m.* orifice, opening

orilla *f.* edge

óseo *adj.* bony

otorgar *v.* to award, concede, give

oviesse *v.* **hubiese** *(archaic)*

P

pabellón *m.* pinna, external ear

padrino *m.* godfather; sponsor

palo *m.* stick, pole

paludismo *m.* malaria

pantalla *f.* screen *(television, movie)*

pañal *m.* diaper, swaddling cloth

parachoques *m. sing.* fender, bumper

paradoja *f.* paradox

paráfrasis *f.* paraphrase

parecerse: parecerse a *v.* to resemble

parecido *adj.* similar

pared *f.* wall

pareja *f.* pair, couple; partner

parentesco *m.* kinship, relationship

pariente *m.* relative

párpado *m.* eyelid

partida: punto *m.* **de partida** point of departure

partidario *m.* supporter

partido *m.* game, match

partir *v.* to depart, leave; **a partir de** *prep.* as of, from *(date)*

pasaje *m.* passage

pasillo *m.* hall, hallway

patente *adj.* evident, clear

patinar *v.* to skate

patria *f.* native country

patrón *m.* patron; boss; pattern

pauta *f.* guideline, rule

pecado *m.* sin

pegado *adj.* close to; attached to

pegar *v.* to strike

pena *f.* penalty; **pena de muerte** death penalty

pensar + *inf.*: to intend, plan to

percibir *v.* to perceive, sense

pereza *f.* laziness

perilinfa *f.* perilymph *(fluid between membranous and bony labyrinths of ear)*

periodismo *m.* journalism

perito *m.* expert

permanecer *v. irreg.* to remain

perseguir (i, i) *v.* to pursue; to persecute

personaje *m.* character *(literary)*

pertenecer *v.* to belong, pertain

pervertir (ie, i) *v.* to corrupt, pervert

pesadez *f.* heaviness

pesadilla *f.* nightmare

pesado *adj.* heavy

pesar: a pesar de *prep.* in spite of

pícaro *m.* rogue

pieza *f.* play; piece *(of literature)*

pisar *v.* to step (on)

plagiar *v.* to copy, plagiarize

planchar *v.* to iron

planteamiento *m.* posing, raising *(of problem)*

plantear *v.* to pose, raise *(a problem)*

platillo *m.* dish *(of food)*

pliegue *m.* fold

plomo: a plomo *adj.* vertically plumb; beating down *(of the sun)*

pluma *f.* feather; fountain pen

población *f.* citizenry, population

poblado *adj.* full of; peopled by

poco: por poco *adv.* almost

poder *m.* power
polvo *m.* dust
poner: poner de relieve *v. irreg.* to emphasize
portar *v.* to carry, bear
porte *m.* bearing, presence
porvenir *m.* future
poste *m.* pole, post
postura *f.* posture, position
precisar: precisar de *v.* to need
predominio *m.* predominance
prejuicio *m.* bias, prejudice
premiado *adj.* award-winning
premisa *f.* premise
prenda *f.* garment; article of clothing
presente: tener presente *v.* to keep in mind
prestar: prestar atención *v.* to pay attention
pretender *v.* to endeavor, seek
prevalecer *v.* to prevail
previo *adj.* previous, former
previsto *adj.* foreseen
primo *adj.* primary
privar *v.* to deprive, deny
probar (ue) *v.* to prove
procesamiento *m.* trial, prosecution
profundidad *f.* depth
propio *adj.* one's own
proponer *v. irreg.* to propose
propósito *m.* purpose; object
protestante *m.* protester, opponent
proveer *v.* to provide
provenir *v. irreg.* to come, originate
prueba *f.* sample; proof
puente *m.* bridge
pueril *adj.* childish
puesto *m.* position, job; **puesto que** *conj.* although; since
pulgada *f.* inch
puñetazo *m.* blow with a fist
puño *m.* fist
pupitre *m.* school desk

Q

quedar: quedarle estrecho a uno *v.* to be too small *(of clothing)*
quemante *adj.* burning
quijada *f.* jaw; jawbone

R

raciocinio *m.* reason, reasoning power
radicar *v.* to be *(in a place)*
raíz *f.* root
rama *f.* branch
raro *adj.* strange
rasgo *m.* trait, characaristic; **a grandes rasgos** *adv.* broadly, in broad outline
razón *f.* reason; **tener razón** *v.* to be right
reajuste *m.* readjustment
real *adj.* real; royal
realizar *v.* to realize, carry out
realzado *adj.* elevated, lifted
rebuscamiento *m.* affectation *(language)*
recaer: recaer sobre *v. irreg.* to fall on
recargar *v.* to lay against, rest
reclamar *v.* to ask for, demand
reclutar *v.* to recruit
recobrar *v.* to recover
recoger *v.* to gather
recortar *v.* to outline; to cut away
recurrir *v.* to resort to, have recourse to
recurso *m.* resource
rechazar *v.* to reject
redactar *v.* to write; to edit
reemplazar *v.* to replace, substitute
reflejar *v.* to reflect; to reveal
reforzar (ue) *v.* to reinforce, strengthen
refresco *m.* cold drink
regar (ie) *v.* to spray, shower
regenerar *v.* to regenerate
registrar *v.* to search; to register
regla *f.* rule
reiterar *v.* to reiterate, repeat
reja *f.* grating
relajar *v.* to relax
relámpago *m.* lightning, flash of lightning
relato *m.* narrative
relieve *m.* relief; **poner de relieve** *v.* to emphasize
renombre *m.* renown, fame
rentabilidad *f.* profitability
rentable *adj.* profitable
repasar *v.* to review

repente: de repente *adv.* suddenly
requisito *m.* requirement
resaltar *v.* to project, stand out
reseco *adj.* thoroughly dry
reseña *f.* review *(of a play or film)*
respaldar *v.* to endorse, support
respecto: con respecto a *prep.* with respect to
respirar *v.* to breathe
restante *adj.* remaining
resumen *m.* summary; **en resumen** *adv.* in brief
resumir *v.* to sum up, summarize; **en resumidas cuentas** *adv.* in short
retrasar *v.* to delay
retratar *v.* to portray
retrato *m.* portrait
rezar *v.* to pray
riesgo *m.* danger; **correr el riesgo** *v.* to run the risk
riqueza *f.* wealth
risa *f.* laughter
roble *m.* oak
rocío *m.* sprinkling
rodear *v.* to surround
rotundamente *adv.* categorically
rozar *v.* to graze, brush against
rumbo a *prep.* toward, in the direction of

S

sábana *f.* bedsheet
sacudida *f.* shake
sacudir *v.* to shake
salud *f.* health
saludar *v.* to greet
sangre *f.* blood
santamente *adv.* virtuously
seda *f.* silk
segregar *v.* to secrete *(fluids)*
según *prep.* according to: *conj.* as, according to how
selva *f.* forest, woods, jungle
semáforo *m.* traffic light
semejante *adj.* similar; such; *m.* fellow man; fellow creature
semejanza *f.* similarity; likeness; **a semejanza de** *prep.* like
semejar *v.* to resemble
sencillo *adj.* simple

senda *f.* path, way
sentido *m.* meaning; sense
señal *f.* signal
señalar *v.* to point out, indicate
señore *m.* **señor** *(archaic)*
sepulcral *adj.* pertaining to the
  tomb, sepulchral
servirse (i, i): servirse de *v.* to
  use
siglo *m.* century
significado *m.* meaning
silbar *v.* to whistle
sillón *m.* armchair
siquiera: ni siquiera *conj.* not
  even
sobrepasar *v.* to exceed
sobresaliente *adj.* outstanding,
  excellent
sobresalir *v. irreg.* to stand out
soler (ue) *v.* to be accustomed
  to, be in the habit of
soltar (ue) *v.* to loosen, untie;
  soltar el trapo to laugh
  heartily
solucionar *v.* to solve
sombra *f.* shade; shadow
sombrío *adj.* somber, dark,
  gloomy
sonoro *adj.* sound
soplar *v.* to blow
sospecha *f.* suspicion
suavizar *v.* to soften
subrayar *v.* to underline,
  underscore
suceder *v.* to occur, happen
suceso *m.* event, happening
sueldo *m.* salary, pay
sugerir (ie, i) *v.* to suggest
sujeto: sujeto a *adj.* subject to
sumamente *adv.* exceedingly
sumiso *adj.* submissive
superar *v.* to surpass, exceed
surgir *v.* to arise
suspirar *v.* to sigh
sustantivo *m.* noun
sutil *adj.* subtle

T

tacto *m.* touch, sense of touch
tachar *v.* to cross out, eliminate;
  to blame

talo *m.* thallus *(botanical)*
talofita *f.* thallophyte *(botanical)*
tallo *m.* stem, shoot
tamaño *m.* size
tapa *f.* tidbit, appetizer
tardío *adj.* late, tardy
techo *m.* roof, ceiling
tedio *m.* tedium, boredom
tejido *m.* tissue
tela *f.* fabric
temático *adj.* thematic, topic
temer *v.* to fear
temor *m.* fear
tempestad *f.* tempest, storm
temporada *f.* season
tender (ie) *v.* to spread, spread
  out
terciopelo *m.* velvet
término *m.* term, word,
  expression
ternura *f.* tenderness
timbre *m.* timbre *(quality of
  tone)*
tímpano *m.* eardrum
tira *f.* (comic) strip
tiro *m.* shot
titubear *v.* to stutter, stammer,
  waver
tocante: tocante a *prep.*
  concerning
topacio *m.* topaz
toque *m.* touch
tormenta *f.* storm
torno *m.* turn, revolution; **en
  torno de** *prep.* in exchange for,
  in return for
tos *f.* cough
tragar *v.* to swallow
trama *f.* plot
transcurrir *v.* to pass, go by
transcurso *m.* course, passage of
  time
trapo *m.* rag, tatter
trasero *adj.* back, rear
trasfondo *m.* background
trastorno *m.* disorder
tratado *m.* treatise
tratar *v.* to treat *(a subject)*;
  tratarse de to be a question of
trayectoria *f.* trajectory, path
trigo *m.* wheat

trimembre *adj.* trimembral, with
  three limbs or members
trompetilla *f.* ear trumpet
tronchado *adj.* split, cracked
tupido *adj.* dense, thick

U

urgir *v.* to be urgent
útil *adj.* useful

V

vaciar *v.* to empty
vacilar *v.* to hesitate, waver
vacío *adj.* empty
valentía *f.* valor, courage
valerse: valerse de *v. irreg.* to
  make use of
valioso *adj.* valuable
valorizar *v.* to value
vapor *m.* steamship
variar *v.* to vary
vecino *adj.* neighboring
vejez *f.* old age
velo *m.* veil
vencer *v.* to conquer
venenoso *adj.* poisonous
venganza *f.* vengeance
ventaja *f.* advantage
vértice *m.* vertex
vez: rara vez *adv.* seldom
víbora *f.* viper; snake
vientre *m.* abdomen, belly
vigente *adj.* in force, in vogue
villancico *m.* Christmas carol
vincular *v.* to relate, connect
violación *f.* rape
vista *f.* sight
vitrina *f.* glass showcase
voltear *v.* to turn around, turn
  over, turn upside down
voseo *m.* form of address
  (substitute for tú)

Y

yacimiento *m.* bed, deposit
yunque *m.* anvil

Z

zanja *f.* ditch, gully

About the Authors

Guadalupe Valdés is Professor of Spanish and Linguistics at New Mexico State University, where she teaches undergraduate and graduate courses in Spanish language and applied linguistics. She is the author of several Spanish language textbooks. Her principal research interests and the majority of her publications are in the areas of Spanish/English bilingualism and sociolinguistics. Professor Valdés received her Ph.D. in Spanish from the Florida State University in 1972.

Trisha Dvorak is Assistant Professor of Spanish at the University of Michigan. She coordinates the elementary language programs in Spanish and teaches courses in Spanish language and foreign language methodology. She is co-author of *Pasajes (Lengua, Cultura, Literatura, Actividades)*. Professor Dvorak received her Ph.D. in Applied Linguistics from the University of Texas at Austin in 1977.

Thomasina Pagán Hannum is a Resource Teacher in ESL for the Cross Cultural Center of the Albuquerque Public Schools. She has taught Spanish at the secondary level in New York and New Mexico, and at the University of New Mexico. She is co-author of *Cómo se escribe*. Ms. Pagán Hannum received her B.A. in Spanish from SUNY Albany and her M.A. in Spanish from the University of New Mexico. She is currently a Ph.D. candidate in Spanish Linguistics and TESOL at UNM.